KB268103

언어 수행론 연구

-발화에 대한 청자의 수행과 언어외적 요인-

하 길 종

국학자료원

언어 수행론 연구

책머리에

  지금까지 언어의 연구는 표현 언어를 중심으로 이루어졌다. 언어를 통한 의사전달이 청자와 화자의 상호작용에 의해 이루어진다는 점에서 볼 때, 청자 관점에서의 연구는 소홀하였다. 특히 화자와 청자의 사회적 관계를 중요시하는 화용론에서도 화자를 중심으로 표현 언어가 연구의 대상이다. 그러나 언어는 화자의 발화 의미도 중요하지만, 의사소통의 한 축을 담당하는 청자의 이해와 수행도 그에 못지 않게 중요하다.
  화자가 여러 화맥적인 요소를 고려하여 발화를 하듯이, 청자도 발화(특히 서법)를 표현된 대로만 이해를 하거나 수행을 하지 않으므로, 화자의 발화 초점과 청자의 수행 초점은 일치하지 않을 수 있다. 화자의 발화 초점과 청자의 수행 초점이 일치하지 않은 것은, 청자의 의미 해석과 수행에 반영되는 언어외적 요인 때문이다. 청자가 의미를 이해하고 수행에 반영하는 언어외적 요소는 연령과 직업 등 개인의 성향에 따라서도 다르고, 또 같은 정도성으로 청자가 수행에 반영하지 않는다. 따라서 청자가 의미해석과 수행에 반영하는 언어외적 요소를 찾아야 하며, 찾은 언어외적 요소를 의미해석과 수행에 반영하여 화자의 발화 초점과 청자의 수행 초점이 일치하는 지 조사하여야 한다. 이러한 일련의 연구가 될 때 듣기·말하기 교육에 있어서 올바른 지도가 가능할 것이다.

　이 연구는 이러한 목적 아래 청자의 수행에 반영되는 언어외적인 요소를 찾아, 의미해석과 수행에 반영하여 발화 초점과 수행 초점이 일치하는지 조사하였다. 이러한 연구는 이론적인 연구로만 이루어질 수 없으므로, 발화에 대한 청자의 수행을 직접적인 방법으로 분석한 것이다.

　이러한 연구는 필자에 의해서 처음 시도되었다. 따라서 여러 가지 미숙하고 잘못된 부분이 있다면, 이러한 부분은 앞으로 계속적인 연구를 통해서 바로잡기로 하겠다. 다만 이 연구가 언어 교육의 한 방법인 듣기·말하기 교육과 언어수행에 있어서 조그마한 보탬이 되었으면 하는 바램이다.

　이 연구를 위해서 고생을 아끼지 않으신 초·중등 학교의 여러 선생님과 설문에 응해주신 응답자에게 고마움을 전한다. 그리고 우둔한 제자를 항상 걱정해 주시는 고려대학교의 성광수 교수님, 항상 성원해 주시는 고려대학교의 배해수 교수님, 홍종선 교수님과 서울교육대학교의 정길남 교수님께 감사한 마음을 숨길 수 없다. 어려운 가운데서도 출판을 허락해주신 국학자료원 정찬용 사장님과 편집을 맡아 훌륭한 책으로 만든 김유리 선생에게도 고마움을 전한다.

　또 연구를 한답시고 항상 함께 하지 못하는 아내와 사랑스런 딸 이안, 이나에게도 고맙다는 말을 전한다.

차   례

Ⅰ. 머리말

1. 발화와 수행

발화의 근본적인 목적은 화자와 청자의 의사 소통이다. 의사 소통은 화자와 청자의 상호 작용에 의해서 이루어지는 것으로 따라서 언어 생활에서 화자·청자의 역할이 중요하다는 것은 누구나 알고 있다. 그러나 지금까지 화행(화용)연구에서 발화에 대한 의미 분석은 대체로 화자를 중심으로 표현된 문, 구, 어휘 등이 중심이다. 발화의 분석에 비해서 청자의 관점에서 이해될 수 있는 담화 분석(discourse analysis)도 발화 상황에 대한 이해이다.[1]

---

1) D.Hymes(1972)는 발화시의 요소를 장면(sitting), 참가(Participants), 목적 (ends), 행위연쇄(actsequences), 어조(keys), 수단(instrumentalities), 규범 (norms), 장르(genres)로 들고 있다. 도원영(1991)은 화용적인 맥락을 화자의 의도, 화자와 청자의 사회적인 관계, 언어의 관습, 언어적 지식 등을 들고 있다. 장석진(1993)은 화행의 의미적 분류의 기준을 화·청자의 심리적 태도, 화·청자의 명제 내용의 관여 여부, 화·청자의 위계적 관계를 들고 있다. 김태자(1987)의 발화에 대한 분석, 정주리(1989)의 의문문의 분석, 도원영(1991)의 평서법 분석도 발화 상황에 따른 의미 분석이다. 발화에 대해서 여러 의미로 분석되는 요소를 상황 맥락으로 보았다. 이러한 상황 맥락은 대체로 화자의 의도, 화자와 청자의 사회적 관계, 언어적 관습, 배경지식 등이다. 그러나 이러한 상황 맥락적 요소도 청자의 관점이 아니라, 화자의 관점에서 고려된 언어외적 요소이다. 성광수(1999)는 몸짓에 의해서 인간의

이와 같이 발화 분석이나, 담화 분석에서도 청자보다는 화자가 중심이다. 발화 분석이나 담화 분석도 발화가 청자에게 도달되기 전까지의 언어적 의미(발화 의미)2)에 대한 것이다. 화자와 청자를 중심으로 하는 화용론(화행론)에서도 화자의 관점에서 발화의 의미를 이해하려는 것이지, 발화에 대한 청자의 의미 이해나 수행은 연구 대상에 포함되지 않았다.

언어의 활동은 화자와 청자의 상호 작용이므로 화자의 발화 의도도 중요하지만, 발화에 대한 청자 수행도 중요하다. 이러한 상호 작용은 화자의 발화를 청자가 이해하여 수행하므로써 그 목적을 달성한다. 그러나 청자는 항상 언어적 의미로만 이해하여 수행하지 않는다. 이것은 화자의 발화를 청자가 이해하여 수행을 할 때, 화자의 발화 초점과 청자가 이해하여 수행하는 초점은 항상 일치하지는 않기 때문이다. 어떤 정보를 제공하는 발화에 대해서 청자

사상과 감정이 전달될 수 있다고 보았다. 따라서 몸짓도 하나의 비언적 요소에 포함이 될 수 있다. 황정현(2000)은 비구술적 언어 형태들과 다차원의 감각적인 것으로 소통방식이 존재한다고 보고, 그 중에 비언어적 요소를 몸짓으로 들고 있는데 이러한 몸짓도 의사를 전달하는데 유용하게 쓰이고 있음을 밝혔다.

2) 언어적 의미와 발화 의미는 이 연구에서는 같은 의미로 본다. 발화의 의미에는 글자 그대로의 문자 의미(literal meaning)와 화자의 의미(speaker's meaning)가 있다. 문자 의미는 표현되어진 문의 형식대로 이해한 의미이다. 화자의 의미는 청자가 언어외적 요소를 반영하여 발화하는 것으로 문자의 미와 다를 수 있다. 화자는 자신보다 연상이지만 부하인 청자에게 직접적인 명령형으로 표현하지 못한다. 즉 '이나씨 내일 일찍 오실 수 있지요?' 라고 발화하였다면 문자의미는 의문이다. 화자는 청자에게 명령형으로 발화하기 어렵기 때문에 의문형으로 발화한 것이지만 화자 의미는 명령적 의미이다. 화자는 청자가 자신보다 연상이면 형태상으로 명령문으로 발화하기 어렵다. 그러므로 화자에게 있어서 '연상'이 언어외적 요소이다. 따라서 문자 의미와 화자 의미는 화자가 반영하는 언어외적 요소에 의해서 달라지므로 항상 일치하지는 않는다. 그러나 이 연구에서는 이 두 의미가 일치하는 것으로 본다.

는 화자의 발화대로 이해한다. 그러나 정보를 제공하는 발화가 아닐 경우, 즉 서법(평서문, 청유문, 명령문, 의문문)에 대해서 청자가 언어적 의미로만 이해하여 수행하기 어렵다. 청자가 언어적 의미로 이해하여 수행을 하기도 하지만, 화자의 발화를 청자는 언어적 의미가 아닌 다른 의미로 이해하여 수행을 할 수 있다.

화자가 친구일 경우에 청자는 발화가 명령적 의미3)이면 명령적 의미로 이해하여 수행을 하기도 하지만, 언어적 의미가 아닌 청유적 의미로도 수행을 할 수 있다(기본적으로 화자는 청자가 자신보다 연상일 경우에는 명령문으로 발화하지 않는다.). 화자가 선생님, 부모님, 직장 상사이고 언어적 의미가 의문적 의미일 경우에 청자는 언어적 의미인 의문적 의미로 수행을 하기도 하지만, 언어적 의미가 아닌 명령적 의미로 이해하여 수행을 할 수 있다.

이와 같이 발화에 대해서 청자가 언어적 의미와 다르게 의미를 이해하고 수행하는 것은 언어적 요소와 함께 언어외적 요소 때문이다. 이러한 언어외적 요소는 단일적인 요소보다는 복합적인 요소로 청자 수행에 반영되고, 또 청자 개인의 성향에 따라 반영되는 언어외적 요소들의 정도성은 다르다.

---

3) 명령적 의미에는 직접, 간접 명령 등 명령문의 의미적 특성이 포함되어 있고, 의문적 의미에는 판정, 확정, 수사, 다짐, 설명 등 의문문의 의미적 특성이 포함되어 있다. 평서적 의미에는 감탄, 약속, 서술, 진술 … 등, 평서문의 의미적 특성이 포함되어 있다(감탄문을 따로 구분하기도 하나, 이 연구에서는 평서문에 포함시킨다). 청유적 의미에는 청유, 제안 … 등의 청유문의 의미적 특성이 포함되었다. 문의 의미적인 특성인 평서문에 관한 것은 도원영(1991), 의문문에 관한 것은 박종갑(1987), 정주리(1989), 청유문에 관한 것은 박영순(1994)을 참조.

(1) (놀고 있는 자녀에게)
ㄱ. 이안아 숙제를 하자.(청유문)
ㄴ. 이나야 공부를 하자.(청유문)

(1)은 어머니가 자녀에게 한 발화로 청자인 '이안, 이나'에게 '숙제와 공부'를 하였으면 좋겠다는 청유문이다. 그러나 청자는 언어적 의미인 청유적 의미가 아닌 다른 의미로 이해하여 수행을 할 수 있다.[4]

(1ㄱ)은 "이안아 숙제를 하자"의 청유문은 어머니가 작은 목소리로 발화를 할 경우에, 청자인 '이안'이는 언어적 의미인 청유적 의미로 이해를 하여 즉시 숙제를 하지 않았다. 청자는 언어외적 요소인 어머니의 목소리가 작으므로 발화를 자신이 이해하여 수행하는 데 큰 영향을 끼치지 않았다. 어머니의 목소리가 부드럽게 들리므로 청자인 이안이는 숙제를 즉시 하지 않아도 질책을 듣지 않을 것이라는 판단을 한다. 따라서 언어적 의미인 청유적 의미로 이해하고 수행한다. 그러나 어머니가 큰 소리로 발화를 할 경우에 '이안'이는 언어적 의미가 아닌 명령적 의미로 이해하여 즉시 숙제를 하였다. 이 때는 언어외적 요소인 어머니의 목소리가 크다. 따라서 청자인 이안이는 숙제를 하지 않으면 어머니로부터 질책을 들을

---

4) 이 발화에 대해서 확인한 결과 (1ㄱ)을 발화를 할 때 큰 소리를 할 경우에 '이안'이는 숙제를 즉시 하지 않으면 야단을 맞을 것 같았으므로(명령적 의미로 이해하여) 즉시 숙제를 하였다. 그러나 어머니가 작은 소리로 할 경우에(어머니가 숙제를 하라는 목소리를 들었다고 함), 숙제를 하지 않아도 어머니에게 야단을 맞을 것 같지 않아서{명령이 아니라 청유(부탁)이므로} 즉시 숙제를 즉시 하지 않았다고 하였다. 그리고 (1ㄴ)의 경우에 어머니가 화가 난 표정으로 발화를 할 경우에 청자인 '이나'는 공부를 즉시 하지 않으면 야단을 맞을 것 같았으므로(명령적 의미로 이해하여) 즉시 공부를 하였다. 그러나 어머니가 부드러운 표정으로 발화를 할 경우에 공부를 하지 않아도 어머니에게 야단을 맞을 것 같지 않아{명령이 아니라 청유(부탁)이므로} 즉시 공부를 하지 않았다고 함.

것 같으므로 청자가 이해하여 수행하는데 큰 영향을 끼친다. 따라서 청자는 언어적 의미인 청유적 의미보다, 언향적 의미인 명령적 의미로 이해하고 수행을 한다. 따라서 1(ㄱ)의 언어외적 요소는 '어머니와 발성의 정도성'이다.

(1ㄴ)의 "이나야 공부를 하자"도 청유문이다. 어머니(화자)가 부드러운 표정으로 발화를 할 경우에, 청자인 '이나'는 어머니의 발화를 언어적 의미인 청유적 의미로 이해를 하여 즉시 공부를 하지 않았다. 청자는 언어외적 요소인 어머니의 표정이 부드럽기 때문에 즉시 공부를 하지 않아도 어머니로부터 질책을 듣지 않을 것 같으므로 이해하여 수행하는데 큰 영향을 끼치지 않았다. 그러나 어머니가 화가 난 표정으로 발화를 할 경우에 청자인 '이나'는 명령적 의미로 이해하여 즉시 공부를 하였다. 즉시 공부를 하지 않으면 청자인 이나는 어머니로부터 질책을 받기 때문이다. 이 때는 언외적 요소인 '어머니의 표정'이 부드럽지 않기 때문에 자신이 이해하여 수행하는데 큰 영향을 끼친다. 따라서 언어적 의미인 청유적 의미보다는 언어적 의미가 아닌 명령적 의미로 이해한다. 여기에서 1(ㄴ)의 언어외적 요소는 '어머니와 어머니의 표정'이다.

(1)과 같이 청자는 발화에서 언어외적 요소를 언어적 의미에 반영하여 언어적 의미와 다른 의미로도 이해하여 수행을 할 수 있다. 특히 서법과 대우법[5]이 언어외적 요소의 영향을 가장 많이 받는다[6] 발화에 대해서 청자가 의미 해석을 히여 수행(performative)을

---

5) 대우법 체계도 화자와 청자의 사회적 관계를 고려한 화자의 발화이지, 청자의 수행은 아니다. 대우법 체계는 成耆徹(1985), 유송영(1996)을 참조.

6) 오스틴(Austain)은 언어의 행위를 화자의 관점에서 언표적 행위(locutionary act), 언표 내적 행위(illocutionary act), 언향적 행위(perlocutionary act)로 구분 하였다. 그 중에서 언향적 행위가 청자의 수행을 고려한 듯하다. 이러한 언향적 행위도 청자의 수행을 기대하지만 청자의 수행을 나타낸 것은 아니다. 따라서 언향적 행위도 청자가 그 중심에 있지 않다.

할 때에는 다음과 같은 형태로 이루어진다. 청자가 발화에 대해서 의미 해석을 하여 수행을 할 때, 언어적 요소와 함께 언어외적 요소의 영향을 받는다. 그러나 이러한 요소들은 청자가 항상 같은 정도성으로 의미 해석을 하여 수행하는데 반영하는 것은 아니다. 청자는 언어적 요소와 함께 언어 외적 요소를 반영하는 정도성에 따라서 발화를 언어적 의미, 또는 언어적 의미 이외의 다른 의미로 이해를 하고 이에 따라서 수행을 한다.

발화에 대한 청자의 의미 해석과 수행에 있어서, 청자가 언어적 요소를 언어외적 요소보다 반영하는 정도성이 높으면 언어적 의미로 이해하고 수행을 한다. 언어적 요소보다 언어외적 요소가 수행에 미치는 영향력이 작기 때문에 언어적 의미를 언어적 의미 이외의 다른 의미로 바꾸지 못한다. 따라서 화자가 발화한 것과 같이 이해한 의미(즉 형태가 의문문이면 의문문으로 이해)는 언어적 의미(linguistic meaning)이고, 청자가 이해한 언어적 의미대로 하는 행위는 언어적 수행(linguistic performative)이다.

그러나 발화에 대한 청자의 수행에 있어서, 청자가 언어외적 요소를 언어적 요소보다 반영하는 정도성이 높으면, 언어적 의미로 이해와 수행을 하지 않는다. 즉 청자는 언어외적 요소가 언어적 요소에 비해서 수행에 미치는 영향력의 정도성이 크기 때문에 언어적 의미로 이해하지 않고, 언어적 의미와 다른 의미로 이해한다. 이 때 청자가 이해한 의미는 언향적 의미(perlocutionary meaning)이고, 청자가 이해한 언향적 의미대로 하는 행위는 언향적 수행(perlocutionary performative)이다.7)

---

7) 청자는 언어적 행위에 대한 언어적 의미 이해와 수행, 그리고 언향적 의미 이해와 수행은 일치하지 않을 수도 있다. 청자가 언어적 행위를 언어적 의미로 이해를 하지만, 수행은 언향적 의미로 할 수 있다. 또, 청자가 언어적 의미를 언향적 의미로 이해를 해도 언어적 의미로 수행을 할 수 있다. 그

　이와 같은 발화와 청자 수행과의 관계를 그림으로 나타내면 다음과 같다.

[그림 1] 발화와 청자 수행과의 관계

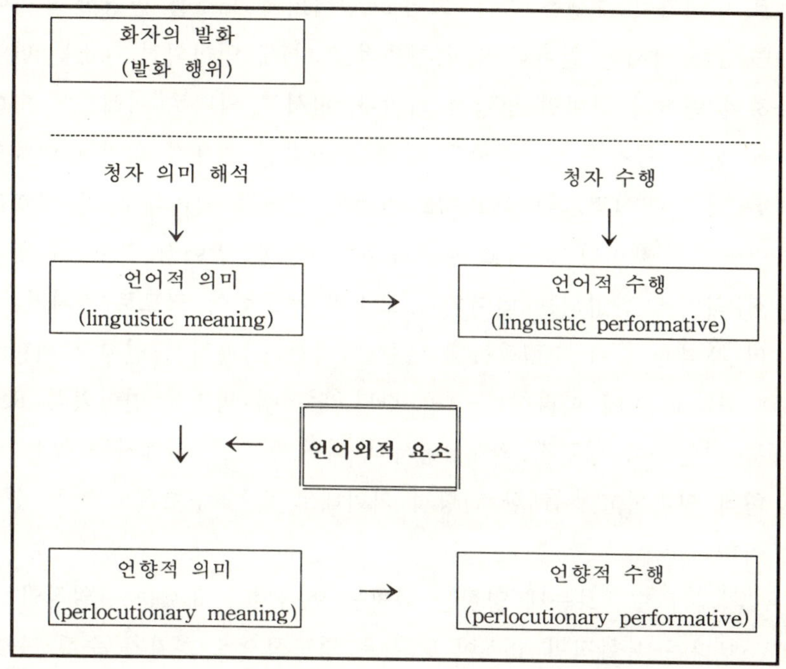

러나 이 연구에서는 청자의 의미 이해와 수행은 일치하는 것으로 본다. 청자가 언어적 의미로 이해를 하면 언어적 의미로 수행을 하고, 언향적 의미로 이해를 하면 언향적 의미로 수행하는 것으로 본다.

청자는 발화를 먼저 언어적 의미로 이해하여 수행을 한다. 다음은 1차 이해한 언어적 의미에 반영해야 할 언어외적 요소가 있다면, 언어적 의미에 언어외적 요소를 반영하여 언향적 의미로 이해한다. 언어적 의미가 청유적 의미이면 언어적 의미인 청유적 의미로 이해하여 수행을 한다. 그리고 언어외적 요소를 반영할 의미이면, 1차 이해한 언어적 의미(청유적 의미)에 언어외적 요소를 반영하여 언향적 의미인 명령적 의미나, 평서적 의미로 이해하여 수행을 한다. 청자가 일차적으로 발화의 초점인 청유적 의미로 이해를 한 것은 언어적 의미이고, 또 이해한 언어적 의미대로 하는 것은 언어적 수행이다. 그리고 청자가 1차 이해한 언어적 의미, 즉 청유적 의미에 반영되는 언어외적 요소의 정도성이 크므로 청자가 의미 해석을 하여 수행하는데 영향을 끼친다. 따라서 언향적 의미로 이해하고 이에 따라서 수행을 한다. 언어적 의미에 언어외적 요소를 반영하여 명령적 의미, 평서적 의미 등으로 이해하는 것은 언향적 의미이고, 이해한 언향적 의미대로 하는 수행은 언향적 수행이다.

청자가 수행하는데 영향을 끼치는 언어외적 요소는 단일적인 요소보다는 복합적인 요소이고, 같은 정도성으로 청자가 수행하는데 반영되지 않는다. 청자 개인의 성향에 따라 발화에 반영되는 언어적 요소들의 정도성은 다르다. 따라서 발화에 대해서 청자가 수행하는데 영향을 끼치는 언어외적 요소들을 찾아내고, 찾아낸 언어외적 요소들을 일반화시키는 것이 필요하다. 언어외적 요소를 일반화시키기 위해서는 발화에 대한 청자의 수행을 직접적인 방법으로 분석을 해야 한다. 청자가 수행하는데 반영되는 언어외적 요소를 찾기 위해서는 여러 연령층이나, 여러 직종의 종사자들이 대상이어야 한다. 왜냐하면 청자 개인의 특성에 따라 발화를 이해하여 수행하는데, 반영하는 언어외적 요소와 그 정도성이 각각 다르기 때문이다.

발화에 대해서 청자가 수행하는데 영향을 끼치는 언어외적 요소들을 찾고, 또 찾아낸 언어외적 요소들을 청자가 의미 해석과 수행에 반영할 때, 발화의 초점과 청자의 수행 초점이 일치하는지를 알아보기 위한 것이 이 연구의 목적이다.

2. 연구방법 및 범위

청자가 수행하는데 반영되는 언어외적 요소를 찾기 위해서는 여러 연령층이나, 여러 직종의 종사자들이 그 대상이어야 한다. 이러한 조사는 1회 조사로써 파악할 수 있는 성질이 아니므로 3단계로 조사하였다.8)

1) 언어외적 요소

1차 조사는 청자가 여러 화자 층의 발화에 대해서 청자가 수행하는데 반영하는 언어외적 요소가 무엇인지 조사하였다.9)

---

8) 이 연구에서는 복합적 요소에 의한 청자의 의미 해석과 수행을 조사하지 못했다. 복합적인 요소에 의해서 이루어지는 청자 의미 해석과 수행의 초점을 조사한다는 것은 매우 어렵다. 복합 요소에 의한 청자의 의미 해석과 수행의 조사는 설문이 형태가 매우 복잡해진다. 그리고 이에 따른 응답문도 단순하지 않으므로 반응자들의 응답도 복잡해지므로 반응자의 정확한 반응을 기대하기 어렵다. 이 연구에서는 기본적인 요소를 중심으로 언어외적 요소가 청자 수행에 반영되어 이루어지는 의미 해석과 수행을 조사한다. 이 연구의 대상이 되는 지역은 서울이다. 조사 지역을 서울에 한정한 것은 연구의 효율성을 위한 것이다. 따라서 지역에 따라 반응하는 비율은 달라질 수 있다. 그러한 오차는 배제하였다.
9) 1차 조사는 언어외적 요소의 공통 기본 조사이므로 초등학생, 중학생, 고등학생, 대학생, 일반인(직장인)이 포함된 조사이다. 설문지에 의해

① 조사 기간: 2000년 4월 7일 - 16일

② 조사 대상: 1,072명[10]

③ 응답자: 919명(미회수, 미응답, 판단불가 153명 제외)

④ 조사 방법: 설문지에 의한 조사이다.

2) 언어외적 요소의 정도성

2차 조사는 청자가 발화에 대해서 수행을 할 때 반영하는 언어외적 요소의 정도성 조사이다. 이들이 반영하는 언어외적 요소의 정도성은 각각 다르므로, 초등학생·중학생·고등학생·대학생·일반인을 대상으로 분류하여 조사한 것이다.

[초등학생]

① 조사 기간: 2000년 6월 4일 - 6월 16일

② 조사 대상: 1,326명[11]

조사이나, 초·중·고등학생은 담임 교사와 국어 교사에게 조사 방법을 미리 교수한 다음, 교수 받은 교사가 설명과 함께 조사하였다(질문 방법에 따라 언어외적 요소의 정도성도 다를 수 있다. 그러한 오차는 배제한다). 그리고 대학생, 일반인은 설문지에 의한 조사이다.

10) 조사 대상의 1072명은 다음과 같다. 일반인은 563명{인수초등학교 교사(35명), 방학중학교 교사(69명), 경기기계공업고등학교 교사(53명), 대한항공 직원(103명), 도봉구청 직원(86명), 현대자동차써비스 직원(71명), 엘지화재 직원(54명), 가정주부(58명), 신한은행 직원(34명)}이다. 학생은 509명{인수초등학교(57명), 방학중학교(83명), 경기기계공업고등학교(94명), 서울교육대학교(67)명), 고려대학교(84명), 덕성여자대학교(124명)}이다. 각각의 응답 대상(학생, 직장인)의 수가 다르므로 그에 따라 응답의 비율도 달라질 수 있다.

11) 조사 대상의 1,326명은 인수초등학교(654명), 누원초등학교(414명), 백운초등학교(258명) 4학년 이상을 대상으로 한다. 저학년(1, 2, 3학년)을 조사 대상에서 제외한 이유는 예비 조사한 결과 설문의 내용을 잘 이해하지 못하였다. 필자의 몇 번에 걸친 설명에도 35명 중, 1~5 정도만 이해하였다. 따라서 정확한 조사가 될 수 없었으므로 저학년(1, 2 ,3학년)은 연구에서 제

③ 응답자: 1,136명(미응답자, 미회수자, 처리가 어려운 응답자
   190명 제외)
④ 조사 방법: 설문지에 의한 조사이다.

[중학생]

① 조사 기간: 2000년 4월 25일 - 5월 10일
② 조사 대상: 1,254명[12]
③ 응답자: 1038명(미응답자, 미회수자, 처리가 어려운 응답자
   216명 제외)
④ 조사 방법: 설문지에 의한 조사이다.

[고등학생]

① 조사 기간: 2000년 9월 15일 - 25일
② 조사 대상: 1,191명[13]
③ 응답자: 1,043명(미응답자, 미회수자, 처리가 어려운 응답자
   148명은 제외)
④ 조사 방법: 설문지에 의한 조사이다.

[대학생]

① 조사 기간: 2000년 9월 15일 - 22일
② 조사 대상: 1,097명[14]
③ 응답자: 952명(미응답자, 미회수자, 처리가 어려운 응답자
   145명은 제외)

외하였다.
12) 조사 대상의 1,254명은 방학중학교(537명), 창동중학교(313명), 창일중학교
   (256명), 도봉여자중학교(148명)이다.
13) 조사 대상의 1,191명은 경기기계공업고등학교(486명), 북공업고등학교(358
   명), 상계고등학교(347명)이다.
14) 조사 대상의 1,097명은 서울교육대학교(359명), 고려대학교(453명), 덕성여
   자대학교(285명)이다.

④ 조사 방법: 설문지에 의한 조사이다.

[일반인]

① 조사 기간: 2000년 11월 16일 - 12일

② 조사 대상: 1,080명[15)

③ 응답자: 864명(미응답자, 미회수자, 처리가 어려운 응답자
    226명은 제외)

④ 조사 방법: 설문지에 의한 조사이다.

3) 발화 초점과 수행 초점의 일치점

이 조사는 여러 화자 층의 여러 형태(문의 종류)발화에 대해서 2차 조사에서 얻은 언어외적 요소를 반영하여 화자의 발화 초점[16) 과 청자 수행 초점이 일치하는지를 조사하였다.

[초등학생]

① 조사 기간: 2000년 6월 28일 - 9월 24일

② 조사 대상: 1,529명[17)

③ 응답자: 908명(미응답자, 미회수자, 처리가 어려운 응답자
    621명 제외)

---

15) 조사 대상의 1,080명{(대한항공(619명), 방학중학교 교사(71명), 창동중학교 교사(65명) 인수초등학교 교사(63명), 도봉여자중학교 교사(61명), 도봉구청(34명), 현대자동차(167명)이다.

16) '발화 초점'은 언어적 의미와 같은 의미이나, 후행하는 '수행 초점'이라는 용어와 일치시키기 위해서 '발화 초점'이라는 용어를 사용하였다. 이 연구에서 후행하는 용어가 '수행 초점'일 경우에는 언어적 의미 대신 '발화 초점'이라는 용어를 사용한다.

17) 조사 대상의 1,529명은 인수초등학교(625명), 누원초등학교(385명), 백운초등학교(519명) 학생이다. 4학년 이상을 대상으로 한 이유는 2차 조사에서와 같이 예비 3차 조사에서도 청유, 의문, 명령 등의 의미를 이해하지 못하고 있었다. 따라서 정확한 조사와 효율성을 위해서 저학년은 연구에서 제외하였다.

④ 조사 방법: 설문지에 의한 조사이다.

[중학생]

① 조사 기간: 2000년 5월 24일 - 7월 4일

② 조사 대상: 1,476명[18]

③ 응답자: 1,104명(미응답자, 미회수자, 처리가 어려운 응답자 372명 제외)

④ 조사 방법: 설문지에 의한 조사이다.

[고등학생]

① 조사 기간: 2000년 10월 1일 - 11월 15일

② 조사 대상: 1,245명[19]

③ 응답자: 943명(미응답자, 미회수자, 처리가 어려운 응답자 302명 제외)

④ 조사 방법: 설문지에 의한 조사이다.

[대학생]

① 조사 기간: 2000년 10월 4일 - 11월 30일

② 조사 대상: 1,157명[20]

③ 응답자: 1.048명(미응답자, 미회수자, 처리가 어려운 응답자 109명 제외)

④ 조사 방법: 설문지에 의한 조사이다.

[일반인]

---

18) 조사 대상의 1,476명은 방학중학교(673명), 창동중학교(351명), 창일중학교 (284명),도봉여자중학교(168명)이다.
19) 조사 대상의 1,245명은 경기기계공업고등학교(547명), 북공업고등학교(351 명), 상계고등학교(347명)이다.
20) 조사 대상의 1,157명은 서울교육대학교(389), 고려대학교(473명), 덕성여자 대학교(295명)이다.

① 조사 기간: 2000년 11월 25일 - 12월 25일

② 조사 대상: 1,102명[21]

③ 응답자: 883명(미응답자, 미회수자, 처리가 어려운 응답자
219명 제외)

④ 조사 방법: 설문지에 의한 조사이다.

3. 조사 대상의 발화문

이 연구에 사용된 발화문은 평서문, 의문문, 청유문을 대상으로 하여 언어외적 요소를 반영할 때, 청자가 수행하는 초점은 어디에 있는지 조사하였다(명령문은 관습상 청자가 연상일 경우에 화자는 발화하지 않으므로 청자가 제한되어 있다. 따라서 이 연구에서 명령문은 조사 대상으로 삼지 않았다.).

4. 통계 처리

통계 처리는 컴퓨터를 이용하여 필자가 처리하였다. 그리고 백분율은 소숫점 2자리에서 반올림하였다.

---

21) 조사 대상의 1,102명 (대한항공(248명), 방학중학교 교사(71명), 창동중학교 교사(54명)인수초등학교 교사(59명), 도봉여자중학교 교사(58명), 도봉구청(68명), 현대 자동차(197명), 삼성그룹(256), 신한은행(35명), 엘지화재(56명)이다.

II. 청자의 언어수행과 언어외적 요인

1. 청자 수행과 언어외적 요소(1)

발화에 대해서 청자가 수행하는데 반영하는 언어 외적인 요소 (1)는 다음과 같다. 다음에 제시된 용어는 1차 조사에서 얻은 것으로 응답자가 표현한 대로의 용어가 아니라, 필자가 수정하여 나타낸 것이 많다. 같은 대상을 지칭하거나, 같은 의미로 볼 수 있으면 같은 요소로 보았다(예 발성→목소리, 엄마→어머니, 아빠→아버지 등으로 표현하였다.).

〈표 1〉 청자가 수행하는데 반영하는 언어 외적인 요소(1)

아버지(749명), 어머니(682명), 형(558명), 선배(561명), 친구(432명), 직장동료(535명), 직장의 연장자(563명), 담임선생님(317명), 교과선생님(248명), 교장(151명), 교감(151명), 과장(368명), 차장(373명), 부장(379명), 사장(397명), 후배(336명), 목소리가 클 때(135명), 목소리가 작을 때(110명), 내가 기분이 좋을 때(487명), 내가 기분이 나쁠 때(468명), 나에게 이익이 있을 때(738명). 나에게 손해가 될 때(723명), 말하는 사람에게 이익이 있을 때(81명), 말한대로 내가 할 수 있을 때(498명), 발화대로 할 수 없을 때(583명), 말한 내용이 급할 때(165명). 말한 내용이 급하지 않을 때(92명), 말한 사람이 잘 차려 입었을 때(12명), 말한 사람이 잘 차려 입지 않았을 때(12명), 직접 말할 때(28명), 전화로 할 때(28명), 교실에서(245명), 사무실에서(416명), 집에서(349명), 말하는 사람과 친할 때(481명), 말하는 사람과 친하지 않을 때(483명), 화자의 성격이 급할 때(23명), 화자의 성격이 급하지 않을 때(23명), 말하는 사람의 동작이 클 때(15명), 말하는 사람의 동작이 크지 않을 때(15명), 말한 내용에 대해서 경험이 있을 때(192명). 말한 내용에 대해서 경험이 없을 때(173명), 언어외적 요소 외에도 기후(2명), 말을 듣는 사람의 육체적인 상태(3명), 가치관(1명), 관습(3명), 생활 습관(2명)

2. 청자 수행과 언어 외적인 요소(2)

1차 조사에서 얻은 모든 언어외적 요소를 특성이 같은 요소끼리 연구의 필요성과 효율성에 따라 필자가 구성하였다. 예를 들면 '목소리가 클 때와 작을 때'라는 언어외적 요소를 '발성의 정도성'으로 통합하였다. 언어외적 요소의 정도성을 대체로 2~3등분으로 구분한 것은 연구의 효율성을 위한 구분이다.

〈표 2〉 청자가 수행하는데 반영하는 언어 외적인 요소(2)

① 발성의 정도성(고, 중 저)
② 화자의 표정(기쁨, 보통, 나쁨)
③ 청자의 감정(기쁨, 보통, 나쁨)
④ 청자의 이익(있음, 없음)
⑤ 화자의 이익(있음, 없음)
⑥ 발화에 대한 청자의 수용력(있음, 없음)
⑦ 화자와 청자의 사회적 관계(연상, 동료, 연하)
⑧ 발화의 상황성(급함, 급하지 않음)
⑨ 화자의 외모(좋음. 보통, 나쁨)
⑩ 발화의 방법(면담, 전화)
⑪ 발화의 장소(공적, 사적)
⑫ 화자와의 친분성(친함, 보통, 나쁨)
⑬ 화자의 성격(온화, 보통, 성급)
⑭ 발화에 대한 청자의 경험(있음, 없음)
⑮ 화자의 몸짓(큼, 보통, 없음)

3. 청자 수행과 언어외적 요소의 정도성

발화에 대해서 청자가 의미 해석을 하여 수행을 할 때, 언어적 의미로만 해석하여 수행하면 큰 어려움이 없다. 그러나 청자는 언어적 의미로만 이해하여 수행하지 않는다. 청자가 언어적 의미에 언어외적 요소를 반영하여 언향적 의미로 해석과 수행을 하기 때문이다. 언어적 의미에 반영하는 언어외적 요소는 청자 개인의 성향에 따라서 다르고, 여러 청자 층에 따라서도 반영하는 언어외적 요소의 정도성은 다르다.

청자의 연령이 적을수록 언어적 의미에 반영하는 언어적 요소는 적고, 청자의 연령이 많아질수록 언어적 의미에 반영하는 언어외적 요소는 많아진다. 이것은 청자의 연령이 적을수록 발화가 언어적 경험이나 사회적인 경험이 적으므로, 연령이 적은 청자는 언어적 요소에 의해서만 해석을 하여 수행하기 쉽다. 이것은 청자의 연령이 적을수록 언어적 의미로만 해석되고 수행되지 않는다는 사실을 충분히 이해할 수 없기 때문이다. 청자의 연령이 많아질수록 언어적 경험이나 사회적인 경험이 많기 때문에 발화에 언어외적 요소를 의미 해석과 수행에 많이 반영된다. 청자가 연령이 많아질수록 발화에 대해서 의미 해석이나 수행에 있어서, 언어적 의미 해석과 수행으로만 되지 않는다는 것을 경험했기 때문이다.

언어외적 요소의 정도성은 설문지에 의한 조사이나 초등은 담임 교사에게, 중등은 국어교사에게 조사 방법을 미리 교수한 다음 교수받은 담임 교사, 국어 교사가 설명과 함께 조사하였다. 대학생과 일반인은 설문지에 의한 조사이다(질문 방법에 따라 언어외적 요소의 정도성도 다를 수 있다. 그러한 오차는 배제하였다.).

① 1차 조사하여 얻은 언어외적 요소는 연구의 효율성을 위해서 필자가 재조직하였다.

② 제조직힌 요소를 조사자가 설닝과 함께 조사하였다.

③ 언어외적 요소의 정도성 조사는 먼저 청자의 수행에 가장 많이 반영하는 요소를 선택하게 하였다.

④ 이미 선택한 요소는 제외하고 나머지 요소에 한정하여 선택하는 방법으로 15순위까지 응답하도록 하였다(청자가 발화에 대해

서 수행을 할 때, 반영하지 않는 요소는 선택하지 않도록 하였다.).

⑤ 이 연구에서의 연상에는 선배, 부모, 동기 등이, 동료에는 학교 친구, 연하에는 동생, 학교 후배 등이 포함되었다는 것을 응답자에게 인지시켰다.

초등학생·중학생·고등학생·대학생·일반인의 청자를 대상으로 언어적 의미를 언향적 의미로 해석하고 수행하는데 반영되는 요소의 정도성은 다음과 같다.

1) 초등학생

초등학생을 대상으로 청자가 수행하는데 반영하는 언어외적 요소의 정도성을 조사한 것이다.

〈표 3〉 초등학생인 청자가 수행하는데 반영하는 언어외적 요소의 정도성

순	요　　　　소	반응수 (1,136)	반응률 (%)
1	화자와 청자의 사회적 관계(연상, 동료, 연하)	846	74.5
2	청자의 이익(있음, 없음)	697	61.3
3	발성의 정도성(고, 중, 저)	796	70.1
4	화자와의 친분성(친함, 보통, 나쁨)	846	74.5
5	화자의 표정(기쁨, 보통, 나쁨)	749	65.9
6	청자의 감정(기쁨, 보통, 나쁨)	716	63
7	발화에 대한 청자의 수용력(있음, 없음)	657	57.8
8	발화의 장소(공적, 사적)	153	1.3
9	발화에 대한 청자의 경험(있음, 없음)	124	10.9
10	화자의 성격(온화, 보통, 성급)	51	0.5

순	요　　　소	반응수 (1,136)	반응률 (%)
11	발화의 상황성(급함, 보통, 급하지 않음)	68	0.6
12	발화의 방법(면담, 전화)	38	0.3
13	화자의 이익(있음, 없음)	16	0.1
14	화자의 몸짓(큼, 보통, 없음)	57	0.5
15	화자의 외모(좋음, 보통, 나쁨)	13	0.1

발화에 대해서 청자가 수행을 할 때 영향을 끼치는 것은 언어적 요소와 함께 언어외적 요소이다. 그리고 청자가 수행하는데 영향을 끼치는 언어외적 요소는 단일적인 요소보다는 복합적인 요소이고, 같은 정도성으로 청자가 수행하는데 반영되지 않는다. 즉 청자 개인의 성향에 따라 발화해석에 반영되는 언어적 요소들의 정도성은 다르다.

청자가 초등학생일 경우 발화에 대해서 수행을 할 때 반영하는 언어외적 요소는 개인차에 따라 다르지만, 대체로 '화자와 청자와의 사회적 관계, 청자의 이익, 발성의 정도성, 화자와 청자의 친분성, 화자의 표정, 청자의 감정, 발화에 대한 청자의 수용력' 등이다. 이러한 언어외적 요소들은 항상 같은 정도성으로 청자가 수행을 할 때 반영되는 것이 아니다.

청자가 언어적 의미에 반영하는 언어외적 요소 중에서 '화자와 사회적 관계'를 첫 번째 언어외적 요소로 보았다. 즉 화자와 청자의 사회적 관계에 의해시 화자의 발화 조점과 정사 수행 초섬은 달라진다. 화자가 청자보다 연상일 경우에 청자는 언어적 의미인 의문적 의미를 언향적 의미인 명령적 의미로 수행을 할 수 있다. 발화에 대해서 청자가 수행을 할 때 화자와 청자의 사회적 관계는 언어외적 요소 중에서 가장 중요한 요소이다.

청자의 이익에 따라서도 발화에 대해서 청자가 수행하는 초점은 달라진다. 화자가 연상이고 발화가 청자 자신에게 이익이 된다면 명령적 의미로 수행하고, 이익이 되지 않으면 평서적 의미로 수행을 할 수 있다. 그리고 발화의 초점이 평서적 의미라도 화자가 친구이거나 연하일 경우에 청자 자신에게 이익이 된다면 수행하는 초점은 평서적 의미에 있지 않다. 특히 청자가 초등학생일 경우에 자신의 이익을 수행에 반영하는 정도성이 높다. 이것은 청자가 연령이 적은 초등학생이므로 자신 중심의 언어 생활을 하기 때문이다. 청자의 이익이라는 언어외적 요소에 의해서만 청자의 수행 초점이 달라지는 것이 아니라, '화자와 청자의 사회적 관계'라는 언어외적 요소가 함께 반영이 된다.

발성의 정도성에 따라서 청자가 수행하는 초점은 발화 초점과 달라진다. 화자의 연령이 청자보다 높고 발성의 정도성이 높을수록 발화 초점과 수행의 초점은 달라질 수 있다.[22] 청자는 화자의 발성 정도성이 높을수록 언어적 의미인 평서적 의미를 언향적 의미인 명령적 의미로 이해하여 수행을 할 수 있다. 그러나 화자의 발성 정도성이라는 요소로만 청자의 수행 초점이 달라지는 것이 아니다. 발성의 정도성은 '화자와 청자의 사회적 관계'라는 언어외적 요소와 함께 청자가 수행을 할 때 반영이 된다. 특히 청자가 초등학생일 경우에는 발성의 정도성이 수행에 미치는 영향력은 매우 높다.

화자와 청자의 친분성에 의해서도 발화 초점과 청자가 수행하는

---

22) (1)에서 알 수 있듯이 청자가 어린이이고, 화자인 어머니의 발성 정도성이 높은 경우에 청자인 어린이가 어머니의 요구에 즉시 수행하고 있으나, 화자인 어머니의 발성 정도성이 낮을 경우에 청자인 어린이가 어머니의 요구에 빠르게 수행하지 않는다. 이와 같은 경우를 보더라도 발성의 정도성에 따른 청자의 수행은 청자가 화자에 비하여 연령이 작을수록 빠르게 수행을 한다.

초점은 달라진다. 화자와 청자가 친분성이 좋을 때, 언어적 의미가 의문적 의미일지라도 청자는 언향적 의미인 청유적 의미로 수행을 할 수 있다. 그리고 화자와 청자의 친분성의 정도가 덜할수록 청자는 언어적 의미로 수행을 하기 쉽다. 이때에도 화자와 청자의 친분성이라는 요소에 의해서만 청자의 수행 초점이 달라지는 것이 아니다. '화자와 청자의 사회적 관계'라는 요소가 청자 수행에 함께 반영된다.

화자의 표정에 의해서도 화자의 발화 초점과 청자의 수행 초점은 달라진다. 그러나 화자의 표정만으로 청자의 수행 초점에 많은 영향을 끼치기보다는, 화자와 청자의 사회적 관계가 함께 청자 수행에 영향을 끼친다. 청자가 초등학생일 경우에는 화자가 연상이고, 화자의 표정이 부드럽지 않을수록 언어적 의미가 언향적 다른 의미로 수행하는 비율이 높다.

청자의 감정에 의해서도 발화에 대해서 청자가 수행하는 초점이 달라진다. 그러나 언어외적 요소인 청자의 감정만으로 청자가 수행하는데 반영되는 것이 아니라, 청자의 감정과 화자와 사회적 관계가 청자 수행에 함께 반영된다. 청자의 연령에 따라 자신의 감정을 수행에 많이 반영하기도 하고 반영하지 않을 수도 있다. 화자가 연하이면 자신의 감정을 드러내기도 하고, 수행을 할 때 많이 반영을 할 수 있다. 그러나 청자 자신보다 화자가 연상이면 자신의 감정을 드러내기 어렵고 수행에 반영하기도 어렵다.

발화에 대한 청자의 수용력도 청자가 수행을 할 때 반영되는 정도성이 높다. 발화에 대한 청자의 수용력에 따라서 화자의 발화 초점과 청자의 수행 초점은 달라진다. 이때에는 발화에 대해서 청자가 수용력이 있으면 화자의 발화 초점이 청유적 의미라도 청자의 수행 초점은 명령적 의미에 있을 수 있다. 청자의 수용력만으로 발화에 대한 수행의 초점이 달라지는 것이 아니라, 청자의 감정과 화자와 사회적 관계가 청자 수행에 함께 반영한다.

청자가 초등학생의 경우에 발화에 대해서 수행에 반영하는 언어외적 요소는 대체로 '화자와 청자와의 관계, 청자의 이익, 발성의 정도성, 화자와의 친분성, 화자의 표정, 청자의 감정, 발화에 대한 청자의 수용력' 등이다. 이 요소 중에서 '화자와 청자와의 관계'만으로 언어적 의미에 반영이 되어 화자의 발화 초점과 청자의 수행 초점이 달라진다. 그러나 다른 언어외적 요소는 단독으로는 반영되어 청자가 수행하는 초점에 큰 영향을 끼치지 못한다. 화자와 청자의 사회적 관계가 무시되고, 화자의 발성 정도성에 의해서만 발화 초점과 청자의 수행 초점은 달라지기 어렵다. 화자가 청자보다 연상이고 발성의 정도성이 높다라는 언어외적 조건이 덧붙는다면 발화의 초점이 평서적 의미라도 청자의 수행 초점은 명령적 의미나 청유적 의미로 해석과 수행이 될 수 있다.

청자의 연령이 적을수록 언어적 의미로 수행을 하는 정도성이 높다. 청자의 연령이 많을수록 언향적 의미로 수행하는 정도성이 높다. 이것은 기본적으로 청자의 연령이 낮을수록 언어 활동의 폭이 좁지만 청자의 연령이 많아질수록 언어 활동의 폭이 넓기 때문에 언어적 의미뿐만 아니라, 언어외적 의미까지 파악할 수 있는 능력이 있는 것으로 이해할 수 있다.[23] 따라서 초등학생인 청자는 대체로 자신 중심의 언어생활을 하고 있다.

---

23) 언어 활동의 폭이 넓다는 것은 대체로 연령이 많을수록 사람들과의 접촉, 습득 어휘량의 증가, 사용 어휘량의 증가 등으로 인한 것으로 볼 수 있다. 그리고 언어 활동의 폭이 좁다는 것은 연령이 적은데서 오는 것으로 사람들과의 접촉, 습득 어휘량, 사용 어휘량 부족으로 인한 것이다. 따라서 언어 활동의 폭을 결정하는 요소는 사람들과의 접촉, 습득 어휘량, 사용 어휘량 등이다(물론 개인차는 배제한다.).

발화에 대해서 청자가 수행을 할 때 모든 요소의 영향을 받으나, '발화의 장소, 발화에 대한 청자의 경험, 화자의 성격, 발화의 상황성, 발화의 방법, 화자의 이익, 화자의 몸짓, 화자의 외모'라는 언어외적 요소는 청자가 수행을 할 때 끼치는 영향력은 크지 않다.

2] 중학생

중학생을 대상으로 청자가 수행하는데 반영하는 언어외적 요소의 정도성을 조사한 것이다.

〈표 4〉 중학생인 청자가 수행을 할 때 반영하는 언어외적 요소의 정도성

순	요 소	반응수 (1,038)	반응률 (%)
1	화자와 청자의 사회적 관계(연상, 동료, 연하)	892	85.9
2	청자의 이익(있음, 없음)	728	70.1
3	화자와의 친분성(친함, 보통, 나쁨)	649	62.5
4	청자의 감정(기쁨, 보통, 나쁨)	714	68.8
5	발성의 정도성(고, 중, 저)	835	80.4
6	화자의 표정(기쁨, 보통, 나쁨)	532	51.3
7	발화에 대한 청자의 수용력(있음, 없음)	596	57.4
8	발화에 대한 청자의 경험(있음, 없음)	165	15.9
9	발화의 상황성(급함, 보통, 급하지 않음)	149	14.4
10	화자의 성격(온화, 보통, 성급)	86	8.3
11	발화의 장소(공석, 사적)	195	18.8
12	발화의 방법(면담, 전화)	85	8.2
13	화자의 이익(있음, 없음)	57	5.5
14	화자의 몸짓(큼, 보통, 없음)	58	5.6
15	화자의 외모(좋음, 보통, 나쁨)	31	3

　청자가 중학생일 경우에 발화에 대해서 수행을 할 때, 반영하는 언어외적 요소는 대체로 '화자와 청자와의 관계, 청자의 이익, 화자와 청자의 친분성, 청자의 감정, 발성의 정도성, 화자의 표정, 발화에 대한 청자의 수용력' 등으로 초등학생인 청자가 반영하는 언어외적 요소와 같다. 이러한 언어외적 요소들은 같은 정도성으로 청자의 수행에 영향을 끼치는 것이 아니다.

　발화에 대해서 중학생인 청자가 수행을 할 때 초등학생과 같이 화자와 사회적 관계를 첫 번째 언어외적 요소로 보았다. 화자가 청자보다 연상일 경우에 청자는 언어적 의미인 의문적 의미를 언향적 의미인 명령적 의미로 수행을 할 수 있다. 화자가 연하이거나 친구이면, 청자는 언어적 의미인 명령적 의미를 언향적 의미인 청유적 의미로 이해하여 수행을 할 수 있다. 따라서 발화를 해석하여 청자가 수행을 할 때 '화자와 청자의 사회적 관계'는 언어외적 요소 중에서 가장 중요한 요소이다.

　청자의 이익에 따라서도 발화 초점과 청자의 수행 초점은 달라진다. 화자가 연상이고 발화가 청자 자신에게 이익이 된다면, 언어적 의미가 평서적 의미라도 명령적 의미로 수행을 할 수 있다. 청자가 중학생일 경우에 청자 자신의 이익에 따라서 수행하는 비율이 높다. 이것은 청자가 연령이 적은 중학생이므로 초등학생과 같이 아직은 자신 중심의 언어 생활을 하고 있기 때문이다. 그러나 청자의 이익이라는 요소에 의해서만 발화초점과 수행의 초점이 달라지는 것이 아니라, 항상 '화자와 청자의 사회적 관계'라는 언어외적 요소가 함께 반영이 된다.

　화자와 청자의 친분성에 의해서도 발화의 초점과 청자의 수행 초점은 달라진다. 화자와의 친분성에 의한 청자의 수행은 화자와 청자 사이에 친분성이 좋을 때, 언어적 의미가 의문적 의미일지라도 청자는 언향적 의미인 청유적 의미로 수행을 한다. 그리고 화자와 친분성의 정도성이 덜한 청자일수록 언어적 의미대로 수행을 하기 쉽다. 이때에도 화자의 친분성이라는 요소에 의해서만 발화에 대한 청자의 수행의 초점이 달라지는 것이 아니라, '화자와 청자의 사회적 관계'라는 언어외적 요소가 함께 반영이 된다.

청자의 감정에 의해서도 발화의 초점과 청자의 수행 초점은 달라진다. 언어외적 요소인 청자의 감정에 따라서 언어적 의미가 청유적 의미라도 청자는 언향적 의미인 명령적 의미나, 또는 평서적 의미로 수행을 한다. 이것은 청자의 연령이 낮으므로 자신의 감정대로 수행하기 쉽다. 그리고 청자의 연령이 낮을 때 자신의 감정을 수행에 많이 반영한다.

발성의 정도성에 따라서도 청자가 수행하는 초점은 화자의 발화 초점과 달라진다. 청자는 화자의 발성 정도성이 높음에 따라, 언어적 의미인 평서적 의미를 언향적 의미인 명령적 의미로 이해하여 수행을 할 수 있다. 그러나 발성의 정도성이라는 요소에 의해서만 청자의 수행 초점과 화자의 발화 초점이 달라지는 것이 아니라, '화자와 청자의 사회적 관계'라는 언어외적 요소가 함께 반영이 된다.

화자의 표정에 의해서도 화자의 발화 초점과 청자의 수행 초점은 달라진다. 그러나 화자의 표정만으로 청자의 수행 초점에 영향을 끼치기보다는, 화자와 청자의 사회적 관계가 함께 반영되어 청자 수행에 영향을 끼친다. 청자의 연령이 낮기 때문에 수행에 있어서 화자 표정의 영향을 많이 받는다.

발화에 대한 청자의 수용능력도 청자가 수행하는데 반영하는 정도성이 높다. 발화에 대한 청자의 수용력에 따라 화자의 발화 초점과 청자의 수행 초점은 달라진다. 발화에 대해서 청자가 수용력이 있고 화자와 사회적 관계가 연상이라면, 화자의 발화 초점이 청유적 의미라도 청자의 수행 초점은 명령적 의미에 있을 수 있다. 화자가 연하이고 청자가 수용력이 없다면, 발화의 초점이 청유적 의미라도 청자의 수행 초점은 명령적 의미에 있을 수 있다. 그러므로 발화에 대한 청자의 수용력에 의해서 수행의 초점이 달라진다. 청자의 수용력만으로 수행의 초점이 달라지기보다, 청자의 감정과 화자와 사회적 관계가 청자의 수행에 함께 반영된다.

청자가 중학생의 경우에 수행할 때 반영하는 정도성이 높은 언어외적 요소는 대체로 '화자와 청자의 사회적 관계, 청자의 이익, 화자와의 친분성, 청자의 감정, 발성의 정도성, 화자의 표정, 발화에 대한 청자의 수용력'이다. 이 언어외적 요소는 초등학생인 청자가 수행에 반영하는 언어외적 요소와 같다.

'화자와 청자와의 사회적 관계'는 단독으로 언향적 의미에 반영이 되어, 화자의 발화 초점과 청자의 수행 초점이 달라질 수 있다. 그러나 화자와 청자의 사회적 관계를 제외한 다른 언어외적 요소는, 단독으로 화자의 발화 초점과 청자의 수행 초점에 큰 영향을 끼치지 못한다. 화자와 청자의 사회적 관계와 다른 언어외적 요소들이 함께 반영이 될 때 화자의 발화 초점과 청자의 수행 초점이 달라진다.

발화에 대해서 청자가 수행을 할 때 모든 요소의 영향을 받으나, '발화에 대한 청자의 경험, 발화의 상황성, 화자의 성격, 발화의 장소, 발화의 방법, 화자의 이익, 화자의 몸짓, 화자의 외모' 등은 중학생인 청자가 수행을 할 때 끼치는 영향력은 크지 않다.

3] 고등학생

고등학생을 대상으로 청자가 수행하는데 반영하는 언어외적 요소의 정도성을 조사한 것이다.

〈표 5〉 고등학생인 청자가 수행에 반영하는 언어외적 요소의 정도성

순	언 어 외 적 요 소	반응수 (1,043)	반응률 (%)
1	화자와 청자의 사회적 관계(연상, 동료, 연하)	699	67
2	화자와의 친분성(친함, 보통, 친하지 않음)	713	68.3
3	청자의 이익(있음, 없음)	524	50.2
4	청자의 감정(기쁨, 보통, 나쁨)	617	59.2
5	화자의 표정(기쁨, 보통, 나쁨)	493	47.3
6	발화에 대한 청자의 수용력(있음, 없음)	538	51.6
7	화자의 이익(있음, 없음)	673	64.5
8	발성의 정도성(고, 중, 저)	725	69.5
9	발화의 상황성(급함, 보통, 급하지 않음)	142	13.6
10	발화에 대한 청자의 경험(있음, 없음)	96	9.2
11	발화의 장소(공적, 사적)	116	11.1
12	화자의 성격(온화, 보통, 성급)	37	3.5
13	발화의 방법(면담, 전화)	52	5
14	화자의 몸짓(큼, 보통, 없음)	9	0.9
15	화자의 외모(좋음, 보통, 나쁨)	5	0.5

고등학생인 청자가 수행을 할 때 반영하는 언어외적 요소는 초등학생이나 중학생에 비해서 많다. 청자가 고등학생인 경우에는 발화에 대해서 수행을 할 때 반영하는 언어외적 요소는 '화자와

청자와의 사회적 관계, 화자와 청자의 친분성, 청자의 이익, 청자의 감정, 화자의 표정, 발화에 대한 청자의 수용력, 화자의 이익, 발성의 정도성' 등이다. 그러나 이러한 언어외적 요소들은 같은 정도성으로 청자 수행에 반영되는 것이 아니라 개개인의 성향에 따라서 다르다.

청자가 수행을 할 때 반영하는 언어외적 요소인 화자와 청자의 사회적 관계를 고등학생은 초등학생이나 중학생인 청자와 같이 첫번째 언어외적 요소로 보았다. 청자는 화자와 자신과의 사회적 관계, 즉 화자가 연상, 친구, 연하이냐가 수행을 할 때 반영되는 중요한 언어외적 요소이다. 화자가 청자보다 연상일 경우에, 청자는 언어적 의미인 의문적 의미를 언향적 의미인 명령적 의미로 수행을 할 수 있다. 화자가 연하이거나 친구이면, 청자는 언어적 의미인 명령적 의미를 언향적 의미인 청유적 의미로 수행을 할 수 있다. 따라서 발화에 대해서 청자가 수행을 할 때 화자와 청자의 사회적 관계는 언어외적 요소 중에서 가장 중요한 요소이다.

화자와 청자의 친분성에 의해서도 발화 초점과 청자의 수행 초점은 달라진다. 화자와 청자 사이에 친분성이 좋을 때, 언어적 의미가 의문적 의미라도 청자는 언향적 의미인 청유적 의미로 수행을 할 수 있다. 그리고 화자와 친분성의 정도가 낮을수록 청자는 언어적 의미대로 수행을 하기 쉽다. 화자와 청자의 친분성이라는 요소에 의해서만 발화 초점과 청자의 수행 초점이 달라지기보다는, 항상 '화자와 청자의 사회적 관계'라는 기본적인 언어외적 요소가 함께 반영이 된다.

화자의 발화가 청자 자신의 이익에 따라서도 발화 초점과 수행하는 초점은 달라진다. 청자의 이익에 따라서 수행에 영향을 받는다고 응답한 비율은 낮다. 화자가 연상이고, 언어적 의미가 평서적 의미라도 연상의 발화이고 청자 자신에게 이익이 되면, 명령적 의미로 수행을 할 수 있다. 그리고 청자에게 이익이 없다면 평서적 의미로 수행을 할 수 있다. 청자의 이익이라는 요소에 의해서만 수행 초점과 발화 초점이 달라지는 것이 아니라, 항상 '화자와 청자의 사회적 관계'라는 언어외적 요소가 함께 반영이 된다.

청자의 감정에 의해서도 발화 초점과 수행 초점은 달라진다. 그러나 청자의 감정에 의해서 수행에 영향을 받는 비율은 높지는 않다. 이 때에도 언어외적 요소인 청자의 감정으로만 수행에 반영되는 것은 아니라, 청자의 감정과 화자와의 사회적 관계가 수행에 함께 반영된다. 그러나 청자의 감정은 초등학생이나 중학생인 청자에 비해서 반영하는 정도성이 낮다. 이것은 청자의 연령이 초등학생이나 중학생에 비해서 다소 높기 때문에 자신의 감정대로 수행하지 않기 때문이다.

화자의 표정에 의해서도 화자의 발화 초점과 청자의 수행 초점은 달라진다. 화자의 표정만으로 청자의 수행 초점에 큰 영향을 끼치기보다는, 화자와 청자의 사회적 관계와 함께 청자 수행에 영향을 끼친다. 화자의 표정에 의해서 청자 자신의 수행에 영향을 받는다고 응답한 비율은 낮다.

발화에 대한 청자의 수용력도 청자의 수행에 많은 영향을 끼친다. 그러나 발화에 대한 청자의 수용력은 자신의 수행에 반영하는 정도성은 낮다면, 화자의 발화 초점과 수행 초점은 달라진다. 발화에 대해서 청자가 수용력이 있고 화자가 연상이라면, 화자의 발화 초점이 청유적 의미에 있어도 청자의 수행 초점은 명령적 의미에 있을 수 있다. 화자가 연하이고 청자가 수용력이 없다면, 발화의 초점이 청유적 의미라도 명령적 의미에 수행의 초점이 있을 수 있다. 그러나 그 비율은 점점 낮아진다. 발화에 대한 청자의 수용력만으로 수행에 영향을 끼치는 것이 아니라, 화자와의 사회적 관계가 청자 수행에 함께 반영된다.

청자가 고등학생일 경우에는 화자의 이익을 청자 수행에 반영하고 있다. 청자가 고등학생일 경우에는 언어 생활에 있어서 화자의 입장도 배려하려는 것으로 볼 수 있다. 언어 생활에서 화자의 중요성을 인식하기 시작했다고 볼 수 있다. 그러나 화자의 이익을 청자 수행에 반영하는 비율은 많지 않다.

발성의 정도성에 따라서도 청자 수행의 초점은 달라진다. 화자가 연상이고 발성의 정도성이 높으면, 화자의 발화 초점과 청자의 수행 초점은 달라진다. 청자는 화자가 연상이고 화자의 발성 정도성이 높을 때, 언어적 의미인 평서적 의미를 명령적 의미로 수행을 할 수 있다. 그러나 화자의 발성 정도성이라는 단독 요소에 의해서만 청자가 수행하는 초점이 달라지기보다 항상 '화자와 청자의 사회적 관계'라는 기본적인 언어외적 요소가 함께 반영이 된다.

4) 대학생

대학생을 대상으로 청자가 수행하는데 반영하는 언어외적 요소의 정도성을 조사한 것이다.

<표 6> 대학생인 청자가 수행에 반영하는 언어외적 요소의 정도성

순	요 소	반응수 (952명)	반응률 (%)
1	화자와 청자의 사회적 관계(연상, 동료, 연하)	932	97.9
2	화자와의 친분성(친함, 보통, 친하지 않음)	743	78
3	청자의 이익(있음, 없음)	827	86.9
4	화자의 이익(있음, 없음)	739	77.6
5	화자의 표정(기쁨, 보통, 나쁨)	642	67.4
6	청자의 감정(기쁨, 보통, 나쁨)	695	73
7	발화에 대한 청자의 수용력(있음, 없음)	816	85.7
8	발화의 상황성(급함, 보통, 급하지 않음)	608	63.9
9	발화의 장소(공적, 사적)	523	54.9
10	발화에 대한 청자의 경험(있음, 없음)	487	51.2
11	화자의 성격(부드러움, 보통, 성급)	141	14.8
12	발성의 정도성(고, 중, 저)	153	16.1
13	발화의 방법(면담, 전화)	26	2.7
14	화자의 몸짓(큼, 보통, 없음)	5	0.5
15	화자의 외모(좋음, 보통, 나쁨)	2	0.2

청자가 대학생일 경우 발화에 대해서 수행을 할 때, 반영하는 언어외적 요소는 개인차에 따라 다르지만 대체로 '화자와 청자와의 사회적 관계, 화자와 청자의 친분성, 청자의 이익, 화자의 이익, 화자의 표정, 청자의 감정, 발화에 대한 청자의 수용력, 발화의 상항성, 발화의 장소, 발화에 대한 청자의 경험' 등이다. 청자가 초·

중·고등학생에 비해서 반영하는 언어외적 요소는 많다. 이러한 언어외적 요소들은 같은 정도성으로 청자 수행에 영향을 끼치는 것은 아니다.

　청자가 발화를 이해하여 수행을 할 때, 화자와 청자의 사회적 관계를 첫 번째 언어외적 요소로 보았다. 발화에 대해서 청자가 수행을 할 때 다른 언어외적 요소에 비해서 화자와 사회적 관계를 매우 중요하게 생각한다. 화자와 청자와의 사회적 관계가 발화에 대해서 청자가 수행을 할 때의 중요한 언어외적 기준이다. 화자가 청자보다 연상일 경우에 청자는 언어적 의미인 의문적 의미를 언향적 의미인 명령적 의미로 수행을 할 수 있다. 화자가 연하이거나 친구이면, 청자는 언어적 의미인 명령적 의미를 언향적 의미인 청유적 의미로 이해하여 수행을 할 수 있다. 청자가 수행을 할 때 화자와 청자의 사회적 관계는 언어외적 요소 중에서 반영하는 정도성이 가장 높은 요소이다. 이 언어외적 요소는 초·중·고등학생과 같이 수행에 반영하는 첫 번째 언어외적 요소로 보았다.

　화자와 청자의 친분성에 의해서도 발화 초점과 청자의 수행 초점은 달라진다. 화자와의 친분성이 좋을 때 수행은 언어적 의미가 의문적 의미라도 청자는 언향적 의미인 청유적 의미로 수행을 할 수 있다. 그리고 화자와 친분성의 정도가 덜할수록 청자는 언어적 의미대로 수행을 하기 쉽다. 화자와 청자의 친분성이라는 언어외적 요소에 의해서만 청자의 수행 초점이 발화의 초점과 달라지는 것이 아니라, '화자와 청자의 사회적 관계'라는 언어외적 요소가 함께 반영이 된다.

　화자의 발화에 대해서 청자 자신의 이익이나 손해에 따라서도 발화 초점과 청자가 수행하는 초점은 달라진다. 화자의 발화가 평서적 의미라도 화자가 연상이고 청자 자신에게 이익이 된다면 명령적 의미로 수행할 수 있다. 청자에게 이익이 없다면 연상의 발화라도 평서적 의미로 수행을 할 수 있다. 청자의 이익이라는 언어외적 요소에 의해서만 수행의 초점이 달라지는 것이 아니라, 항상 '화자와 청자의 사회적 관계'라는 언어외적 요소가 함께 반영이 된다.

청자가 대학생일 경우에는 화자의 이익도 수행을 할 때 반영하고 있다. 언어 생활에서 청자가 자신의 이익도 중요하게 생각하지만, 화자의 이익도 중요하게 생각하여 언어 생활을 하고 있다. 즉 언어 생활에서 화자의 중요성도 알기 때문이다. 따라서 화자의 이익을 초·중·고등학생인 청자에 비해서 의미해석과 수행에 반영하는 정도성이 높다.

화자의 표정에 따라서도 화자의 발화 초점과 청자의 수행 초점은 달라진다. 화자의 표정만으로 청자의 수행 초점에 큰 영향을 끼치기보다는 화자와 청자의 사회적 관계가 함께 반영이 된다. 청자가 대학생일 경우에 화자의 표정까지도 알아낼 수 있는 능력이 있다. 따라서 청자는 언어생활에서 자신뿐만 아니라 화자도 중요하게 생각하므로 화자의 표정을 수행에 반영할 수 있다.

청자의 감정에 의해서도 발화 초점과 청자 자신이 수행하는 초점이 달라질 수 있다. 청자의 감정에 따라서 언어적 의미가 청유적 의미라도 언향적 의미인 명령적 의미나, 또는 평서적 의미로 수행을 할 수 있다. 이것은 청자의 감정만을 청자 자신의 수행이 반영하는 것이 아니라, 청자의 감정과 화자와 사회적 관계가 청자 수행에 함께 반영된다. 대학생인 청자는 자신의 감정을 초·중· 고등학생에 비해서 수행에 반영하는 정도성이 낮다. 대학생인 청자는 언어 생활에 있어서 자신의 감정만으로 수행되기 어렵다는 것을 알기 때문이다.

발화에 대한 청자의 수용력도 수행의 초점에 많은 영향을 끼친다. 발화에 대한 청자의 수용력에 따라 화자의 발화 초점과 청자의 수행 초점은 달라진다. 발화에 대해서 청자의 수용력이 있고 화자와 사회적 관계가 연상이라면, 화자의 발화 초점이 청유적 의미라도 청자의 수행 초점은 명령적 의미에 있을 수 있다. 또 화자가 연하이고 청자가 수용력이 없다면, 발화의 초점이 청유적 의미라도 명령적 의미에 수행의 초점이 있을 수 있다. 청자의 수용력만으로 청자의 수행에 영향을 끼치는 것이 아니라, 청자의 감정과 화자와 사회적 관계가 청자 수행에 함께 반영된다.

발화의 상황성에 따라서도 발화 초점과 수행의 초점은 달라질 수 있다. 청자가 발화의 상황성에 따라 언어적 의미인 평서적 의미를 명령적 의미로 수행을 할 수 있다. 이 때 발화의 상황성과 화자와 청자의 사회적 관계가 함께 반영된다. 급한 상황에서 발화되었다면 청자가 언어적 의미가 평서적 의미라도 명령적 의미나, 청유적 의미로 수행을 할 수 있다. 청자는 연령이 높으므로 발화 상황을 판단할 수 있기 때문에 발화의 상황을 수행에 반영할 수 있다.

발화의 장소에 따라서도 언어적 의미와 언향적 의미가 달라진다. 화자의 발화 장소가 공적이냐, 사적이냐에 따라 화자의 발화 초점과 청자의 수행 초점이 달라진다. 발화의 장소가 공적이고 화자가 연상이면, 발화의 초점이 청유적 의미에 있어도 청자는 명령적 의미나 청유적 의미로 수행을 할 수 있다. 그리고 발화의 장소가 사적이고 화자가 친구이거나 연하이면, 발화가 의문적 의미라도 청자가 명령적 의미나 청유적 의미로 수행을 할 수 있다. 대학생인 청자는 연령이 높으므로 공적인 장소에서의 발화와 사적인 장소에서의 발화를 판단하여 수행을 할 수 있다.

발화에 대한 청자의 경험에 의해서도 발화 초점과 수행의 초점이 달라진다. 화자의 발화에 대해서 청자가 경험에 있고, 화자와 사회적 관계가 연상이라면 발화의 초점이 청유적 의미에 있어도 청자의 수행 초점은 명령적 의미에 있다. 화자가 연하이고 발화에 대한 청자의 경험이 있다면, 발화의 초점이 청유적 의미에 있어도 청자는 명령적 의미에 수행의 초점이 있을 수 있다.

따라서 청자의 경험이 발화에 반영이 될 때, 발화의 초점과 수행의 초점이 달라진다. 초·중·고등학생에 비해서 연령이 높은 청자는 언어 활동의 폭이 넓기 때문에 발화에 대한 경험을 수행에 반영하고 있다. 화자의 발화가 청자 자신에게 도움이 되었다면 수행에 적극적이나, 자신에게 도움이 되지 않았다면 수행에 소극적이다.

청자의 연령이 높을수록 언향적 의미로 많은 수행을 한다. 이것은 청자가 연령이 높으면 언어 활동의 폭이 넓기 때문에 언어적 의미뿐만 아니라, 언어외적 의미까지 파악할 수 있는 능력이 있기 때문이다. 따라서 청자가 대학생일 경우에는 화·청자를 중심으로 폭넓은 언어 생활을 하고 있다.

5) 일반인

일반인을 대상으로 청자가 수행하는데 반영하는 언어외적 요소의 정도성을 조사한 것이다.

<표 7> 일반인인 청자가 수행에 반영하는 언어외적 요소의 정도성

순	요　　　소	반응수 (864명)	반응률 (%)
1	화자와 청자의 사회적 관계(연상, 동료, 연하)	851	98.5
2	청자의 이익(있음, 없음)	539	62.4
3	화자의 이익(있음, 없음)	458	53
4	화자와의 친분성(친함, 보통, 친하지 않음)	652	75.5
5	화자의 표정(기쁨, 보통, 나쁨)	516	59.7
6	청자의 감정(기쁨, 보통, 나쁨)	741	85.8
7	발화에 대한 청자의 수용력(있음, 없음)	692	80.1
8	발화의 상황성(급함, 보통, 급하지 않음)	508	58.8
9	발화의 장소(공적, 사적)	479	55.4
10	발화에 대한 청자의 경험(있음, 없음)	611	70.7
11	화자의 성격(온화, 보통, 성급)	122	14.1
12	발화의 방법(면담, 전화)	14	1.6
13	발성의 정도성(고, 중, 저)	31	3.6
14	화자의 몸짓(큼, 보통, 없음)	8	0.9
15	화자의 외모(좋음, 보통, 나쁨)	4	0.5

　　청자가 일반인일 경우 발화에 대해서 수행을 할 때, 반영하는 언어외적 요소는 개인차에 따라 다르지만 대체로 '화자와 청자와의 사회적 관계, 청자의 이익, 화자의 이익, 화자와 청자의 친분성, 화자의 표정, 청자의 감정, 발화에 대한 청자의 수용력, 발화의 상황성, 발화의 장소, 발화에 대한 청자의 경험' 등이다. 일반인이 수

행에 반영하는 언어외적 요소는 대학생과 같이 많다. 이러한 언어 외적 요소들은 같은 정도성으로 청자 수행에 영향을 끼치는 것은 아니다.

청자가 발화를 이해하여 수행할 때, 화자의 사회적 관계를 첫 번째 언어외적 요소로 보았다. 따라서 발화에 대해서 청자가 수행 할 때 다른 언어외적 요소에 비해서 화자와 사회적 관계를 매우 중요하게 생각한다. 화자와 청자와의 사회적 관계는 청자가 수행 할 때 중요한 언어외적 요소이다. 화자가 청자보다 연상일 경우에 청자는 언어적 의미인 의문적 의미를 언향적 의미인 명령적 의미 로 수행을 할 수 있다.

화자가 연하이거나 친구이면, 청자는 언어적 의미인 명령적 의 미를 언향적 의미인 청유적 의미로 이해하여 수행을 할 수 있다. 화자와 청자의 사회적 관계는 초·중·고·대학생과 같이 수행에 반영하는 첫 번째의 언어외적 요소이다.

화자의 발화에 대해서 청자 자신의 이익이나 손해에 따라서도 청자가 수행하는 초점은 발화 초점과 달라진다. 화자의 발화가 평 서적 의미라도 화자가 연상이고 청자 자신에게 이익이 된다면 명 령적 의미로 수행하고, 이익이 없다면 연상의 발화라도 평서적 의 미로 수행을 할 수 있다. 청자의 이익이라는 언어외적 요소에 의 해서만 수행의 초점이 달라지는 것이 아니라, 항상 '화자와 청자의 사회적 관계'라는 언어외적 요소가 함께 반영이 된다.

청자가 일반인일 경우에는 화자의 이익도 수행에 반영하고 있 다. 언어 생활에서 청자가 자신의 이익도 중요하게 생각하지만, 화 자의 이익도 중요하게 생각하여 언어 생활을 하고 있다.

화자와 청자의 친분성에 의해서도 발화 초점과 청자의 수행 초점은 달라진다. 화자와 청자 사이에 친분성이 좋을 때, 언어적 의미가 의문적 의미라도 청자가 언향적 의미인 청유적 의미로 수행을 한다. 그리고 화자와 친분성의 정도가 덜한 친구일수록 청자는 언어적 의미대로 수행을 하기 쉽다. 화자와 청자의 친분성이라는 언어외적 요소에 의해서만 청자의 수행 초점이 달라지는 것이 아니라, '화자와 청자의 사회적 관계'라는 언어외적 요소가 함께 반영이 된다.

화자의 표정에 따라서도 화자의 발화 초점과 청자의 수행 초점은 달라진다. 화자의 표정만으로 청자의 수행 초점에 큰 영향을 끼치기보다는 화자와 청자의 사회적 관계가 함께 반영이 된다. 청자가 일반인일 경우에 화자의 표정까지도 알아낼 수 있는 능력이 있다. 따라서 청자는 언어생활에서 자신뿐만 아니라 화자도 중요하게 생각한다.

청자의 감정에 의해서도 청자 자신이 수행하는 초점이 달라진다. 청자의 감정에 따라서 언어적 의미가 청유적 의미라도 언향적 의미인 명령적 의미나, 또는 평서적 의미로 수행을 한다. 일반인인 청자는 자신의 감정을 초·중·고·대학생에 비해서 의미해석과 수행에 반영하는 정도성이 낮다. 즉 언어 생활에 있어서 자신의 감정만으로 수행되기 어렵다는 것을 알기 때문이다.

발화에 대한 청자의 수용력도 자신의 수행에 많은 영향을 끼친다. 발화에 대한 청자의 수용력에 따라 화자의 발화 초점과 청자의 수행 초점은 달라진다. 발화에 대해서 청자의 수용력이 있고 화자가 연상이라면, 화자의 발화 초점이 청유적 의미라도 청자의 수행 초점은 명령적 의미에 있을 수 있다. 화자가 연하이고 청자가 수용력이 없다면, 발화의 초점이 청유적 의미이면 수행의 초점은 명령적 의미에 있을 수 있다. 이때에도 청자의 수용력만으로 청자의 수행에 영향을 끼치는 것이 아니라, 청자의 감정과 화자와 사회적 관계가 청자 수행에 함께 반영된다.

발화의 상황성에 따라서도 청자의 수행도 화자의 발화 초점과 달라진다. 청자가 발화의 상황성에 따라 언어적 의미인 평서적 의미를 명령적 의미로 수행을 할 수 있다. 이 때 발화의 상황성과 화자와 청자의 사회적 관계가 함께 반영된다. 급한 상황에서 발화되었다면 청자는 언어적 의미가 평서적 의미라도 명령적 의미나, 청유적 의미로 수행을 할 수 있다. 청자는 연령이 높은 일반인이므로 발화 상황을 판단하기 때문에 발화의 상황을 수행에 반영할 수 있다.

그리고 발화의 장소에 따라서도 언어적 의미와 언향적 의미가 달라진다. 화자의 발화 장소가 공적이냐, 사적이냐에 따라 화자의 발화 초점과 청자의 수행 초점이 달라진다. 발화의 장소가 공적이고 화자가 연상이면, 발화의 초점이 청유적 의미에 있어도 청자는 명령적 의미나 청유적 의미에 수행의 초점이 있을 수 있다. 그리고 발화의 장소가 사적이고 화자가 친구이거나 연하이면, 언어적 의미가 의문적 의미라도 청자가 명령적 의미나 청유적 의미로 수행을 할 수 있다. 청자는 연령이 높은 일반인이므로 공적인 장소에서의 발화와 사적인 장소에서의 발화를 판단하여 수행을 할 수 있다.

발화에 대한 청자의 경험에 의해서도 발화 초점과 청자 수행의 초점이 달라진다. 화자의 발화에 대해서 청자가 경험에 있고, 화자와 사회적 관계가 연상이라면 발화의 초점이 청유적 의미에 있어도 수행 초점은 명령적 의미에 있을 수 있다. 화자가 연하이고 발화에 대한 청자의 경험이 있다면, 발화의 초점이 청유적 의미에 있어도 명령적 의미에 수행의 초점이 있을 수 있다.

따라서 청자의 경험이 수행에 반영이 될 때 발화의 초점과 청자의 수행의 초점이 달라진다. 연령이 높은 청자는 언어 활동의 폭이 넓기 때문에 발화에 대한 경험을 수행에 반영하고 있다. 화자의 발화가 자신에게 도움이 되었다면 수행에 적극적이나, 자신에게 도움이 되지 않았다면 수행에 소극적이다.

청자가 일반인일 경우에도 수행을 할 때 위와 같이 반영되는 언어외적 요소는 개인차에 따라 다르다. 화자와 청자와의 관계만으로 언어적 의미에 반영이 되어 화자의 발화 초점과 청자의 수행 초점이 다를 수 있지만, 화자와 청자의 사회적 관계를 제외한 다른 언어외적 요소는 단독으로 청자의 수행 초점에 큰 영향을 끼치지 못한다.

청자의 연령이 많을수록 언어적 의미보다 언향적 의미로 수행을 많이 한다. 이것은 청자가 연령이 높으면 언어 활동의 폭이 넓기 때문에 언어적 의미뿐만 아니라, 언어외적 의미까지 파악할 수 있는 능력이 높다. 따라서 청자가 일반일 경우에는 화·청자를 중심으로 폭넓은 언어 생활을 하고 있다.

6) 언어외적 요소와 정도성

앞에서 분석된 것과 같이 발화에 대한 청자가 의미 해석을 하여 수행에 반영하는 언어외적 요소는 연령과 개개인에 따라서 다르다. 그리고 청자가 초등학생·중학생·고등학생·대학생·일반인이 언어외적 요소와 언어외적 요소의 정도성도 각각 다르다.

청자가 초등학생일 경우에 반영하는 언어외적 요소는 '화자와 청자와의 관계, 청자의 이익, 발성의 정도성, 화자와 청자의 친분성, 화자의 표정, 청자의 감정, 발화에 대한 청자의 수용력'이다. 청자가 중학생일 경우 반영하는 언어외적 요소는 개인차에 따라 다르지만, 대체로 '화자와 청자와의 관계, 청자의 이익, 화자와 청자의 친분성, 청자의 감정, 발성의 정도성, 화자의 표정, 발화에 대한 청자의 수용력'이다.

청자가 고등학생일 경우 반영하는 언어외적 요소는 개인차에 따라 다르나 대체로 '화자와 청자와의 관계, 화자와 청자의 친분성, 청자의 이익, 청자의 감정, 화자의 표정, 발화에 대한 청자의 수용력, 화자의 이익, 발성의 정도성' 등이다.

청자가 대학생일 때 반영하는 언어외적 요소는 개인차에 따라 다르지만 대체로 '화자와 청자와의 관계, 화자와 청자의 친분성, 청자의 이익, 화자의 이익, 화자의 표정, 청자의 감정, 발화에 대한 청자의 수용력, 발화의 상항성, 발화의 장소, 발화에 대한 청자의 경험' 등이다.

청자가 일반일 때 반영하는 언어외적 요소는 개인차에 따라 다르지만 대체로 '화자와 청자와의 관계, 청자의 이익, 화자의 이익, 화자와 청자의 친분성, 화자의 표정, 청자의 감정, 발화에 대한 청자의 수용력, 발화의 상황성, 발화의 장소, 발화에 대한 청자의 경험' 등이다.

<표 8> 청자가 수행하는데 반영하는 언어외적 요소의 정도

순	요 소				
	초등학생	중학생	고등학생	대학생	일반인
1	화자와 청자의 사회적 관계	화자와 청자의 사회적 관계	화자와 청자의 사회적 관계	화자와 청자의 사회적 관계	화자와 청자의 사회적 관계
2	청자의 이익	청자의 이익	화자와의 친분성	화자와의 친분성	청자의 이익
3	발성의 정도성	화자와의 친분성	청자의 이익	청자의 이익	화자의 이익
4	화자와의 친분성	청자의 감정	청자의 감정	화자의 이익	화자와의 친분성
5	화자의 표정	발성의 정도성	화자의 표정	화자의 표정	화자의 표정
6	청자의 감정	화자의 표정	발화에 대한 청자의 수용력	청자의 감정	청자의 감정
7	발화에 대한 청자의 수용력	발화에 대한 청자의 수용력	화자의 이익	발화에 대한 청자의 수용력	발화에 대한 청자의 수용력
8	발화의 장소	발화에 대한 청자의 경험	발성의 정도성	발화의 상황성	발화의 상황성
9	발화에 대한 청자의 경험	발화의 상황성	발화의 상황성	발화의 장소	발화의 장소
10	화자의 성격	화자의 성격	발화에 대한 청자의 경험	발화에 대한 청자의 경험	발화에 대한 청자의 경험
11	발화의 상황성	발화의 장소	발화의 장소	화자의 성격	화자의 성격
12	발화의 방법	발화의 방법	화자의 성격	발성의 정도성	발화의 방법
13	화자의 이익	화자의 이익	발화의 방법	발화의 방법	발성의 정도성
14	화자의 몸짓	화자의 몸짓	화자의 몸짓	화자의 몸짓	화자의 몸짓
15	화자의 외모	화자의 외모	화자의 외모	화자의 외모	화자의 외모

그러나 청자가 수행에 반영하는 언어외적 요소의 정도성이 낮거나, 반영하지 않는 언어외적 요소가 있다. 초등학생인 청자는 '발화의 장소, 발화에 대한 청자의 경험, 화자의 성격, 발화의 상황성, 발화의 방법, 화자의 이익, 화자의 몸짓, 화자의 외모'라는 언어외적 요소를 수행하는데 반영하는 비율은 높지 않거나 반영하지 않는다.

중학생인 청자는 '발화에 대한 청자의 경험, 발화의 상황성, 발화의 성격, 발화의 장소, 발화의 방법, 화자의 이익, 화자의 몸짓, 화자의 외모'라는 언어외적 요소를 수행하는데 반영하는 비율은 높지 않거나 반영하지 않는다.

고등학생인 청자는 발화의 상황성, 발화에 대한 청자의 경험, 발화의 장소, 화자의 성격, 발화의 방법, 화자의 몸짓, 화자의 외모'라는 언어외적 요소를 수행하는데 반영하는 비율은 높지 않거나 반영하지 않는다.

대학생인 청자는 '화자의 성격, 발성의 정도성, 발화의 방법, 화자의 몸짓, 화자의 외모'라는 언어외적 요소를 수행하는데 반영하는 비율은 높지 않거나 반영하지 않는다.

청자가 일반인이면 '화자의 성격, 발화의 방법, 발성의 정도성, 화자의 몸짓, 화자의 외모'라는 언어외적 요소를 수행하는데 반영하는 비율은 높지 않거나 반영하지 않는다.

청자 수행에 언어외적 요소를 반영하는 비율이 적다는 것은, 화자의 발화 초점과 청자의 수행 초점이 크게 다르지 않다는 것이다. 따라서 청자의 수행 초점에 영향력을 끼치지 못하는 언어외적 요소를 반영한 발화의 초점과 수행 초점의 일치를 조사하는 것은 의미 있는 것이 아니므로 언어외적 요소들은 발화의 초점과 청자

의 수행 초점이 일치하는지의 조사에서 제외한다.[24]

4. 언어외적 요소와 기본 요소

발화에 대해서 청자가 수행을 할 때 영향을 끼치는 언어외적 요소(2차 조사한 요소)들은 단독으로 청자의 수행에 반영되는 것이 아니라. 항상 복합적인 요소로 반영이 된다. 이러한 복합적인 요소 중에는 기본적인 요소가 있다. 이 기본 요소는 단독으로 반영되어 의미 해석을 하여 수행하는데 영향을 끼치지만, 이 기본적인 요소를 제외한 다른 요소들은 단독으로 영향을 끼치지 못한다. 발성의 정도성이 높고 화자가 연상이냐 연하이냐에 따라 화자의 발화 초점과 청자의 수행 초점은 달라질 수 있다. 그러나 '발성의 정도성이 높다'라는 요소로만 발화의 초점과 청자의 수행의 초점에 영향을 끼치기보다는, '화자와 청자의 사회적 관계'라는 요소를 기본으로 해서 복합적으로 영향을 끼친다. 화자와 청자의 사회적 관계가 무시되고 발성의 정도성으로만 청자의 수행에 반영되기 어렵다. '화자와의 친분성, 청자의 이익, 청자의 감정, 화자의 표정, 발화에 대한 청자의 수용력, 화자의 이익, 발성의 정도성' 등은 그 요소만으로는 청자가 수행하는데 큰 영향을 끼치기 어렵다. 그러나 '화자와 청자의 사회적 관계'에 다른 언어외적 요소가 더해져서 청자의 수행의 초점은 발화의 초점과 달라진다. 따라서 '화자와 청자의 사회적 관계'는 발화에 대해서 청자가 수행하는데 반영되는 기본적

---

24) 설문지에 의해 조사이나, 초등은 담임교사에게, 중등은 국어교사에게 조사 방법을 미리 교수한 다음, 교수받은 교사가 설명과 함께 조사한다. 대학생과 일반인은 설문지에 의한 조사이다(설명 방법에 따라 언어외적 요소의 정도성도 다를 수 있다. 그러한 오차는 배제하였다.).

인 언어외적 요소이다.

　청자가 알지 못하는 화자일 경우, 발성이 높은 발화에 대해서는 크게 반응하지 않거나 무시한다. 이것은 청자가 화자와 사회적 관계를 설정하지 않았거나, 화자와 자신과의 관계를 무시하기 때문이다. 따라서 화자와 청자의 사회적 관계가 무시되고 발성의 정도성만 높다면 수행에 반영하기 어렵다. 그렇지만 청자는 발성의 정도성을 무시하여도 화자와 청자의 사회적 관계만으로 화자의 초점과 다르게 수행한다. 청자와 화자와 사회적 관계가 누구이냐에 따라 화자의 발화 초점과 청자의 수행 초점이 달라진다.

(2) 이나야(이나씨) 저 책을 갖다 줄 수 있느냐(있습니까)? (의문문)

　이 언어적 의미는 의문적 의미이지만, 청자는 항상 화자의 발화 초점대로 이해하여 수행하지 않는다. 화자가 친구이거나 연하이면 청자는 언어적 의미인 청유적 의미로 수행을 할 수 있으나, 언향적 의미인 명령적 의미적 의미로는 수행하지 않는다. 화자가 선생님, 부모님, 직장 상사일 경우에 청자는, 언어적 의미가 의문적 의미라도 명령적 의미로 이해하여 수행을 할 수 있다. 화자가 청자 자신보다 연상(선생님, 부모님, 직장의 상사)이므로 언어적 의미인 의문적 의미로 이해하지 않고, 명령적 의미인 "이나야(이나씨) 저 책을 갖다 다오"로 이해한다. 이렇게 발화에 대해서 청자가 언어적 의미와 다르게 수행을 할 수밖에 없는 것은, 언어적 의미에 언어외적 요소를 반영하기 때문이다.

　이 발화에 대해서 청자가 수행하는데 반영하는 언어외적 요소는 '부모, 스승, 상사, 연하'와 '화자와 청자의 사회적 관계'이다. '화자와 청자의 사회적 관계'에 '발성의 정도성, 청자의 이익…' 등의 언어적 요소가 첨가되면 청자는 언향적 의미로 이해하여 수행하는 비율이 점차 높아진다.

언어외적 요소들은 어느 특정한 하나의 요소만으로 청자 수행에 영향을 끼치는 것이 아니라, 항상 '화자와 청자의 사회적 관계'와 함께 여러 요소가 복합적으로 청자가 수행하는데 반영이 된다. (2)에서 '화자와 청자와의 관계'에 또 다른 언어외적 요소인 '발성의 정도성, 화자의 표정, 청자의 이익' 등이 첨가되면 언어적 의미보다는 언향적 의미로 이해하고 수행을 하는 비율이 훨씬 높아진다. 그러나 언어적 요소 중에서 청자 수행에 가장 중요한 역할을 하는 요소는 화자와 청자와의 관계이다.

Ⅲ. 초등학생의 언어수행과 언어외적 요인

이 장은 초등학생을 대상으로 언어외적 요소의 정도성에 따른 화자의 발화 초점과 청자의 수행 초점이 일치하는지의 조사이다.

① 이 조사에서의 연상에는 부모님, 선생님, 동기간, 연하에는 후배, 동기 등이 포함된 화자이다.

② 화자가 연상일 경우에 예사 말로, 청자가 연상일 경우에 높임말로 발화하는 것을 원칙으로 한다.

③ 발화된 표현은 반어적인 표현이나, 관용적인 표현은 아니다.

④ 청자의 의미 이해 초점과 수행 초점은 같은 것으로 본다. 발화에 대한 청자의 이해 초점과 수행 초점은 다를 수 있다. 그러나 이 연구에서는 청자의 이해 초점과 수행 초점이 같은 것으로 보고 응답하도록 하였다.

⑤ 반응문에 표현된 평서(평서적 의미), 요청(요청적 의미), 명령(명령적 의미), 의문(의문적 의미)은 청자가 생각한 대로 표현되지 않아도, 그러한 의미가 포함되었다고 판단되면 그 발화에 반응하도록 하였다.

1. 기본적인 언어외적 요소와 청자 수행

화자와의 관계에 의해서 발화 초점과 청자의 수행의 초점은 달라진다. 가야 할 곳을 가지 않는 청자에게 화자가 "이나(이나씨)는 왜 안갔느냐(안갔습니까)?"의 발화는 화자의 관계에 따라서 청자는 언어적 의미인 의문적 의미대로 수행하기도 하고, 또 언어외적 요소를 언어적 의미에 반영하여 언향적 의미인 청유, 명령, 평서적 의미 등으로 이해하여 적극적인 수행25)을 하기도 한다.

청자가 초등학생일 경우에 언어외적 의미보다는 언어적 의미로 더 많은 수행을 한다. 이것은 초등학생인 청자가 언어활동에 있어서 언어외적 요소를 수행에 반영하여 언향적인 의미까지 해석하기가 어렵기 때문이다.

다음은 초등학생을 대상으로 기본적인 언어외적 요소인 '화자와 청자와의 관계'에 따라 청자반응을 조사한 것이다.

---

25) 적극적 수행이라 함은 화자의 발화에 대해서 청자가 수행을 할 때, 언어적 의미보다도 적극적 수행을 할 때이다. 언어적 의미가 의문문이지만, 청자는 의문문으로 이해하기보다는 청유적 의미나 명령적 의미로 이해를 하여 수행을 하는 경우이다. 즉, '이나야 바쁜 일이 없으면 나와 백화점에 가는 것이 어떻겠니?'라는 발화에 청자인 이나는 바쁜 일이 있어도, 화자와 사회적 관계에 따라서 의문으로 이해하기보다는 백화점에 가야만 되는 명령 의미로 이해한다. 즉 청유적 의미나 명령적 의미로 이해를 하여 화자와 같이 백화점에 가는 행위이다. 의문문보다 청유적 의미로 수행하는 것은 적극적인 수행이고, 청유적 의미로 이해하여 수행하는 것보다, 명령적 의미로 이해하여 수행하는 것이 더 적극적 수행이라고 볼 수 있다.

<표 1> 기본적인 언어외적 요소에 따른 청자의 수행률

화자	반응수	조건: 가야할 곳을 가지 않는 청자에게				
		발화: 이나(이나씨)는 왜 안갔느냐(가지 않습니까)?(의문문)				
		이나(아니씨)는 안 가고 있구나(있군요).(평서)	이나(이나씨)는 갔으면 좋겠다(좋겠습니다).(청유)	이나(이나씨)는 빨리 가거라(가시오).(명령)	이나(이나씨)는 왜 안갔느냐(안갔습니까)?(의문)	청자 수행 초점
연상	인 원	74	121	424	289	명령
	백분율	8.1	13.3	46.7	31.8	
친구	인 원	10	362	25	511	의문
	백분율	1.1	39.9	2.8	56.3	
연하	인 원	21	104	19	764	의문
	백분율	2.3	11.5	2.1	84.1	

　화자와 청자의 관계가 연상일 경우에 청자가 언어적 의미인 의문으로 수행하는 비율은, 언향적 의미인 명령적 의미로 수행하는 비율보다 다소 낮다. 화자가 연상이므로 청자는 발화에 대해서 적극적으로 수행한 결과이다. 자신이 가야 하지만 가지 않았기 때문에 화자로부터 질책을 받을 수 있으므로 적극적인 수행의 결과이다.

　화자가 친구일 때 청자는 언어적 의미인 의문적 의미로 수행을 하고, 언향적 의미인 청유적 의미로 수행하는 비율은 다소 낮다. 청자가 언어적 의미인 의문적 의미로 많은 수행을 하는 것은, 화자와 청자가 친구일 경우에 화자가 명령을 할 수 없다는 것을 청자가 기본 전제로 하기 때문이다.

화자와 청자의 사이가 친구일 경우에도 화자의 발화 초점과 청자의 수행 초점은 의문적 의미에 있다. 청자는 화자가 친구이므로 적극적 수행을 하지 않아도 될 수 있는 관계이다. 따라서 수행에 있어서도 적극적으로 수행하지 않은 결과이다. 청유적 의미로 많은 수행을 하는 것은 화자 자신의 잘못을 인정하고 있으므로, 화자가 친구라도 적극적으로 수행한 결과로 볼 수 있다.

화자가 연하일 경우에 청자가 언어적 의미인 의문적 의미로 수행하는 비율은 매우 높고, 언향적 의미인 명령적 의미, 청유적 의미로 수행하는 비율은 낮다. 청자가 언어적 의미인 의문적 의미로 많이 수행을 하는 것은, 화자가 연상인 청자에게 명령보다는 질문을 할 수밖에 없다는 것이 전제가 되기 때문이다. 따라서 화자가 연하라면 청자의 수행 초점은 화자와 발화 초점과 같이 의문적 의미에 있다.

2. 화자와 청자의 관계에 따른 수행

다음은 청자의 이해와 수행에 영향을 끼치는 언어외적 기본 요소인 화자와 청자의 사회적 관계를 세분하여 청자의 초점을 분석한 것이다. 다음은 화자와의 사회적 관계에서 청자의 수행 초점은 어디에 있는지 조사하였다.

〈표 2〉 화자와 청자의 세부 관계에 따른 청자의 수행률

화자	관계	반응수	조건: 가야할 곳을 가지 않는 청자에게				
			발화: 이나(이나씨)는 왜 안갔느냐 (가지 않습니까)? (의문문)				
			이나(아니씨)는 안가고 있구나(있군요). (평서)	이나(이나씨)는 갔으면 좋겠다(좋겠습니다). (청유)	이나(이나씨)는 빨리 가거라(가시오). (명령)	이나(이나씨)는 왜 안갔느냐(안갔습까)?(의문)	청자수행초점
연상	부모	인원	14	264	373	257	명령
		백분율	1.5	29.1	41.1	28.3	
	동기	인원	131	248	293	236	명령
		백분율	14.4	27.3	32.3	26	
	선배	인원	6	289	298	315	의문
		백분율	0.7	31.8	32.8	34.7	
	선생님	인원	23	195	561	129	명령
		백분율	2.5	21.5	61.8	14.2	
	연장자	인원	92	272	248	396	의문
		백분율	10.1	30	27.3	43.6	
연하	후배	인원	36	169	12	691	의문
		백분율	4	18.6	1.3	76.1	
	동기	인원	43	175	52	638	의문
		백분율	4.7	19.3	5.7	70.3	

화자와 사회적 관계가 연상이면 청자는 언어적 의미대로 수행하지 않는다. 위의 분석에서 알 수 있듯이 화자가 부모님, 선생님,

형, 또는 선배일 때, 청자는 언어적 의미대로 이해하거나 수행하지 않고 적극적인 수행을 한다. 화자의 발화에 대해서 청자가 수행을 할 때, 화자와 청자의 사회적 관계에 따라서 화자의 발화 초점과 청자의 수행 초점은 다르다. (가야할 곳을 가지 않았을 때) "이나(이나씨)는 왜 안갔느냐(안갔습니까)?"의 발화는 화자와의 관계에 따라서 청자가 언어적 의미인 의문적 의미로 수행을 하기도 하고, 언향적 의미인 청유, 명령, 평서적 의미 등으로 수행하기도 한다.

화자가 부모이면 청자가 언어적 의미인 의문적 의미로 수행하는 비율과 언향적 의미인 청유적 의미로 수행하는 비율은 비슷하다. 그리고 청자가 언어적 의미인 의문적 의미보다는 명령적 의미로 수행하는 비율이 높다.

화자가 동기(형, 언니, 누나, 오빠)일 경우에, 청자는 언어적 의미인 의문적 의미나, 언향적 의미인 청유, 명령적 의미로 수행하는 비율은 비슷하다. 화자가 선배일 경우에도 청자가 언어적 의미인 의문적 의미나, 언향적 의미인 청유적 의미나 명령적 의미로 수행하는 비율은 비슷하다. 화자가 보모님에 비해서 동기간에는 청자가 반드시 수행을 해야 한다는 부담을 청자는 가지지 않는다.

화자가 선생님이면 청자가 언어적 의미인 의문적 의미보다는, 언향적인 의미인 명령적 의미로 수행하는 비율이 높아진다. 화자가 선생님일 경우에 청자는 언어적 의미보다는, 언향적인 의미인 명령적 의미로 많은 수행을 한다. 이것은 선생님의 발화에 대해서 거절하기 어렵기 때문에 적극적인 수행을 한다.

화자가 청자 자신보다는 연장자일 경우(아저씨, 아주머니…)에는 또 다른 수행을 한다. 청자가 언어적 의미인 의문적 의미로 수행하는 비율은 다소 높다. 그리고 청자가 언향적 의미인 청유적 의미나, 명령적 의미로 수행하는 비율은 거의 비슷하다. 따라서 화자가 부모님, 동기, 선생님일 경우에 청자가 언어적 의미보다는 그 상황에 맞는 언향적인 의미로 수행하는 비율이 높아진다. 화자가 아저씨, 아주머니 경우에는 청자 자신과 화자의 관계가 위에서 나타나는 연상과 다른 관계이므로 적극적인 수행을 하지 않아도 부담이 되지 않기 때문이다.

화자가 후배이든, 동기간이든 청자는 언어적 의미로 수행하는 비율이 높다. 화자가 연하일 경우에, 발화에 대한 청자 수행을 언어적 의미대로 한다. 그러나 화자가 연상일 경우에 청자는 언어적 의미대로만 수행하지 않는다. 청자는 화자의 발화를 언어적 의미로 수행하거나, 또는 언어적 의미에 언어외적 요소를 반영하여 언향적인 의미로 수행을 한다. 대체로 화자가 연상일 때(청자가 화자에 대해서 예의적인 요소를 반영할 조건일 경우) 즉 부모님보다는 선생님일 경우에 예의적인 요소(부모님보다는 선생님의 요구를 거절하기 어렵다. 즉 선생님에게는 부모님보다 더 공손하게 하는 행위)를 더욱 반영하고, 동기간보다는 부모님에게 더 예의적인 요소를 언어적 의미에 반영하고 있음을 위의 조사에 의해서 추정할 수 있다. 따라서 청자는 예의적인 요소를 언어적 의미에 반영하여 대체로 언어적 의미보다는 언어외적 요소를 반영한 언향적인 의미로 수행을 한다. 따라서 화자가 연상이라도 청자 자신과의 관계에 따라 발화의 초점과 청자 수행의 초점은 다르다.

위에서 화자와 청자의 사회적 관계를 세분하여 발화에 대한 청자의 반응을 조사하였으나, 청자가 화자의 관계에 따라 반응하는 비율은 다소 다르나, 수행 초점은 발화 초점과 다르지 않았다. 그러므로 세부 관계에 따른 청자의 수행은 의미 없는 것으로 볼 수

있다. 따라서 이러한 언어외적 요소들을 반영한 발화에서 발화의
초점과 청자의 수행 초점이 일치하는지의 조사에서 제외한다.

3. 언어외적 요소와 청자 수행

청자가 초등학생일 경우에는 반영하는 언어외적 요소는 '화자와
청자와의 사회적 관계, 청자의 이익, 발성의 정도성, 화자와 청자
의 친분성, 화자의 표정, 청자의 감정, 발화에 대한 청자의 수용력'
이다. 청자가 수행에 반영하는 정도성이 낮은 언어외적 요소나, 반
영하지 않는 언어외적 요소가 있다. 초등학생인 청자는 '발화의 장
소, 발화에 대한 청자의 경험, 화자의 성격, 발화의 상황성, 발화의
방법, 화자의 이익, 화자의 몸짓, 화자의 외모'라는 언어외적 요소
를 수행하는데 반영하는 정도성이 높지 않거나, 반영하지 않는다.
따라서 이러한 요소들은 조사에서 제외한다.

1) 청자의 이익

청자 자신의 이익에 따라 언어적 의미와 언향적 의미는 달라진
다. (책을 읽고 있는 청자에게) "이나(이나씨)야 게임이 재미있다
(재미있습니다)." 라는 발화는 화자가 연상이고 청자 자신에게 이
익이 있을 때와 이익이 없을 때26), 발화 초점과 청자의 수행 초점
은 달라진다. 화자와 청자의 사회적 관계라는 기본적 언어외적 요
소와 청자의 이익이라는 언어외적 요소가 함께 반영이 되어 청자
의 수행 초점과 발화의 초점이 달라진다.

---

26) 청자의 이익에 '없음'이라는 항에는 청자가 이익이 없을 뿐만 아니
    라, 손해가 있는 경우까지도 포함한다.

〈표3〉 청자의 이익에 따른 수행률

청자의 이익	화자	반응수	조건: 책을 읽고 있는 청자에게 발화: 이나(이나씨)야 게임이 재미있다(재미있습니다).(평서문)					청자 수행 초점
			이나야 (이나씨) 게임이 재미있다 (재미있 습니다). (평서)	이나야 (이나씨) 우리 게임을 하자 (합시다). (청유)	이나야 (이나씨) 게임을 하여라 (하시오) (명령)	이나 (이나씨) 는 책이 재미 있느냐 (있습니 까)?(의 문)	기 타	
있음	연상	인 원	123	661	71	38	15	청유
		백분율	13.5	72.8	7.8	4.2	1.7	
	친구	인 원	310	535	27	29	7	청유
		백분율	34.1	58.9	3	3.2	0.8	
	연하	인 원	457	405	17	19	10	평서
		백분율	50.3	44.6	1.9	2.1	1.1	
없음	연상	인 원	161	457	194	78	18	청유
		백분율	17.7	50.3	21.4	8.6	2	
	친구	인 원	351	427	16	88	26	청유
		백분율	38.7	47	1.8	9.7	2.9	
	연하	인 원	416	329	87	62	14	평서
		백분율	45.8	36.2	9.6	6.8	1.5	

화자가 연상이고 발화가 청자 자신에게 이익이 있을 경우에, 언어적 의미인 평서적 의미로 수행을 하는 비율이 낮다. 그리고 청

유적 의미로 수행하는 비율은 매우 높다. 그러나 화자가 연상이고 발화가 청자 자신에게 이익이 없다면 발화 초점과 청자가 수행하는 초점은 다르다.

화자가 연상이라도 발화가 청자 자신에게 이익이 없을 경우에, 언어적 의미가 평서적 의미라도 청유적 의미로 수행을 한다. 청자가 언어적 의미인 평서적 의미로 수행하는 비율과 명령적 의미로 수행하는 비율은 비슷하다. 이것은 초등학생이 자신의 이익을 위해서 화자의 발화를 적극적으로 수행한 결과이다.

그러나 화자가 연상이라도 청자 자신에게 이익이 되지 않는 발화라면 적극적인 수행을 하지 않는다. 청자가 게임을 하고 싶은데 마침 화자가 그러한 발화를 하므로, '내가 게임을 해도 되는구나' 하는 판단을 하여 적극적인 수행을 한 결과이다. 따라서 연령이 적은 청자는 자신의 이익에 적극적으로 수행을 한다.

화자가 친구일 경우에도 청자는 자신의 이익과 매우 밀접한 관련을 가지고 수행을 한다. 화자가 친구이고 발화가 청자 자신에게 이익이 있다면, 화자의 발화가 평서적 의미라도 청유적 의미로 수행하는 비율은 매우 높으나, 평서적 의미로 수행하는 비율은 낮다. 발화가 청자가 자신에게 이익이 되면 청유적인 의미로 많은 수행을 하고, 언어적 의미인 평서적 의미로 수행하는 비율은 낮다. 발화가 청자 자신에게 이익이 되지 않으면 청유적 의미나 평서적 의미로 수행하는 비율은 비슷하다. 따라서 발화가 청자 자신에게 이익이 되지 않으면, 언어외적 요소를 자신의 수행에 반영하지 않고 있다.

화자가 연하이고 화자의 발화가 평서적 의미라도 청자 자신에게 이익이 되면, 평서적 의미와 청유적 의미로 많은 수행을 한다. 화자가 연하일지라도 발화가 청자 자신에게 이익이 되면, 청자 자신에게 이익이 되는 방향으로 수행을 한다. 화자가 연하이고 발화가 청자 자신에게 이익이 되지 않을 때, 언어적 의미인 평서적 의미로 수행하는 비율은 언향적 의미인 청유적 의미로 수행하는 비율보다 다소 높다. 화자가 연하일지라도 발화가 청자 자신에게 이익이 되지 않는다면 언어적 의미대로 소극적인 수행을 한다. 화자가 친구나 연하일 경우에도 청자 자신의 이익에 따라 수행하고 있다.

청자 자신에게 이익이 될 경우 적극적인 수행을 하는 것은, 연령이 적은 청자는 자신의 이익을 수행에서 최우선으로 생각하기 때문이다. 청자가 초등학생일 경우 수행에 반영하는 언어외적 요소를 자신의 이익을 우선으로 생각하는 것만 보아도 알 수 있다.

2) 발성의 정도성

화자의 발성 정도성이 청자가 수행하는데 반영이 되어 수행 초점이 달라진다. 화자의 발성 정도성만 반영하기보다 언어외적 기본 요소인 화자와 청자의 사회적 관계가 함께 반영이 된다. 청자의 연령이 적은 어린 초등학생일수록 발성의 정도성에 따라서 언어적 의미보다는 언향적인 의미로 수행을 한다.

<표 4> 발성 정도성에 따른 청자 수행률

발성의 정도성	관계	반응수	조건: 시끄러운 곳에서 청자에게 발화: 이나야(이나씨) 여기는 정말 시끄럽구나(시끄럽습니다). (평서문)					청자 수행 초점
			이나야(이나씨) 여기는 시끄럽구나(시끄럽습니다.(평서)	이나야(이나씨) 조용히 했으면 좋겠다(좋겠습니다).(청유)	이나야(이나씨) 조용히 하여라(하시오).(명령)	이나야(이나씨) 여기는 왜 시끄럽지(시끄럽습니까)?(의문)	기타	
높음	연상	인원	21	5	746	131	5	명령
		백분율	2.3	0.6	82.2	14.4	0.6	
	친구	인원	177	426	273	16	16	청유
		백분율	19.5	46.9	30.1	1.8	1.8	
	연하	인원	330	442	116	20		청유
		백분율	36.3	48.7	12.8	2.2		
보통	연상	인원	229	17	637	22	3	명령
		백분율	25.2	1.9	70.2	2.4	0.3	
	친구	인원	499	195	166	37	11	평서
		백분율	55	21.5	18.3	4.1	1.2	
	연하	인원	486	331	72	7	12	평서
		백분율	53.5	36.5	7.9	0.8	13	
낮음	연상	인원	308	148	417	28	7	명령
		백분율	33.9	16.3	45.9	3.1	0.8	
	친구	인원	607	218	51	13	19	평서
		백분율	66.9	24	5.6	1.4	2.1	
	연하	인원	515	310	64	12	7	평서
		백분율	56.7	34.1	7	1.3	0.8	

화자가 연상이고 발성의 정도성이 높을 때, 청자는 언어적 의미보다는 언향적인 의미로 더 많은 수행을 하고 있다. 화자가 연상이고 발성의 정도성이 보통일 때, 발성의 정도성이 높을 때보다 청자가 언어적 의미인 평서적 의미로 수행하는 비율은 높아진다. 화자와 사회적 관계가 연상이고 발성의 정도성이 낮을 때, 언어적 의미인 평서적 의미로 청자가 수행하는 비율은 높아진다. 그리고 청자가 언향적 의미인 명령적 의미로 수행하는 비율은 낮다. 발성의 정도성이 보통이거나, 발성의 정도성이 낮을수록, 청자가 평서적 의미와 청유적 의미로 수행하는 비율이 높다. 화자가 연상일 때 발성의 정도성에 관계없이 청자의 수행 초점은 명령적 의미에 있다. 연령이 적은 청자는 화자가 연상이고 발성의 정도가 높으므로 화자의 발화대로 수행하지 않으면, 화자가 질책을 할 것 같은 판단을 하므로 청자 자신의 의지가 아닌 적극적인 수행을 한다. 그러나 발성의 정도성이 낮으면 화자가 질책을 하지 않을 것 같다는 판단으로 소극적인 수행을 한다.

화자가 친구이고 발성의 정도성이 높을 때 청유적 의미로 수행하는 비율은 높다. 따라서 청자의 수행 초점은 청유적 의미에 있다. 화자가 친구이고 발성의 크기가 보통일 때, 화자의 발화 초점과 청자의 수행 초점은 평서적 의미에 있다. 화자가 친구이고 발성의 정도가 낮을 때 청자가 언어적 의미인 평서적 의미로 수행하는 비율은 높다. 따라서 화자가 친구이고 발성의 정도성이 낮아실수록 청자가 언어적 의미로 수행하는 비율은 높지만, 언향적인 의미인 청유적 의미로 수행하는 비율은 낮아진다. 발성의 정도성이 높을 때 화자의 발화 초점은 평서적 의미에 있으나, 청자의 수행 초점은 청유적 의미에 있다. 화자의 발성 정도성이 낮을수록 화자의 발화 초점과 청자의 수행 초점은 언어적 의미인 평서적 의미에 있다.

화자가 연하이고 발성의 정도성이 높을 때 화자의 발화 초점은 평서적 의미에 있으나, 청자의 수행 초점은 청유적 의미에 있다. 화자가 연하이고 발성의 정도성이 보통일 때, 화자의 발화 초점과 청자의 수행 초점은 평서적 의미에 있다. 화자가 연하이고 발성의 정도성이 낮을수록 청자가 언어적 의미인 평서적 의미로 수행하는 비율은 높다. 따라서 화자의 발화 초점과 청자의 수행 초점은 평서적 의미에 있다.

화자가 친구이거나 연하일 경우에도 발성의 정도성이 높을 때 청자가 적극적인 수행을 하는 것은, 비록 화자가 친구나 연하이라도 화자의 발화대로 수행하지 않으면 화를 낼 것 같거나, 친구나 후배에 대한 예의적인 생각 때문에 다소 적극적인 수행을 하기 때문이다. 그러나 발성의 정도성이 낮으면 소극적으로 수행을 한다. 화자가 친구이거나 연하이므로 청자는 발화대로 수행을 하지 않아도 질책을 하지 않을 것이라 판단을 하게 된다. 따라서 화자가 친구이거나 연하이므로 발성의 정도성은 수행에 큰 영향을 끼치지 못하므로 청자의 수행은 적극적이지 못하다.

발성의 정도성으로만 청자의 수행에 영향을 끼치기보다는 화자와 사회적 관계가 청자가 수행하는데 기본적인 요소로 반영되고 있다. 화자가 연상이고 발성의 정도성이 높을 때, 청자가 어린이일수록 명령적 의미로 쉽게 수행을 하며, 화자의 발성 정도성이 낮으면 청자는 명령적 의미로 쉽게 수행을 하지 않는다.

3) 화자와 청자의 친분성

화자와 청자의 친분성에 따라서도 발화의 초점과 청자 수행 초점은 달라진다. 화자와의 친분성과 기본 언어외적 요소인 화자와

청자의 사회적 관계가 함께 반영이 된다. 화자와의 친분성에 따른 청자
수행은 언어적 의미보다는 언향적 의미로 많은 수행을 한다.

<표 5> 화자와의 친분성에 따른 청자 수행

친분성	화자	반응수	조건: 어디를 가려고 하는 청자에게					
			발화: 이나야(이나씨) 기차가 빠르다(빠릅니다).(평서문)					
			이나야(이나씨) 기차가 빠르다(빠릅니다).(평서)	이나야(이나씨) 기차를 타고 갔으면 좋겠다(좋겠습니다).(청유)	이나야(이나씨) 기차를 타고 가거라(가시오).(명령)	이나야(이나씨) 기차를 타고 가는 것이 어떠니(어떻습니까?(의문)	기타	청자 수행 초점
친함	연상	인 원	193	145	534	13	23	명령
		백분율	21.3	16	58.8	1.4	2.5	
	친구	인 원	231	431	135	104	7	청유
		백분율	25.4	47.5	14.9	11.5	0.8	
	연하	인 원	256	414	20	213	5	청유
		백분율	28.2	45.6	2.2	23.5	0.6	
보통	연상	인 원	163	102	503	126	14	명령
		백분율	18	11.2	55.4	13.9	1.5	
	친구	인 원	151	498	47	206	6	청유
		백분율	16.6	54.8	5.2	22.9	0.7	
	연하	인 원	307	348	17	233	3	청유
		백분율	33.8	38.3	1.9	25.7	0.3	
나쁨	연상	인 원	236	41	584	29	18	명령
		백분율	26	4.5	64.3	3.2	2	
	친구	인 원	248	412	223	14	11	청유
		백분율	27.3	45.4	24.6	15.4	12.1	
	연하	인 원	278	528	36	42	24	청유
		백분율	30.6	58.1	4	4.6	2.6	

화자가 연상이고 친분성이 좋을 때, 청자는 언어적 의미인 평서적 의미로 수행하는 비율은 낮지만 명령적 의미로 수행하는 비율은 높다. 따라서 화자의 발화 초점은 평서적 의미에 있으나 청자의 수행 초점은 명령적 의미에 있다. 화자가 연상이고 친분성이 보통일 때, 청자가 언어적 의미인 평서적 의미로 수행하는 비율은 낮으나 명령적 의미로 수행하는 비율은 높다. 그리고 화자와 친분이 좋지 않을 때도 청자의 수행 초점은 명령적 의미에 있다.

화자보다 연령이 낮은 청자는 자신과 친분성의 정도성이 좋을 때 적극적인 수행으로 나타난다. 화자의 발화대로 적극적인 수행을 해야만 화자와 앞으로도 좋은 관계가 유지될 것이라는 판단을 하기 때문이다. 그러나 발성이 낮지만 수행에 적극적인 것은 발화대로 수행하지 않을 경우에는 화자에게 질책을 듣거나, 또는 나쁜 관계가 지속될 것 같은 판단 때문에 청자가 적극적인 수행을 한 결과로 보여진다.

화자와 친구이고 친분성이 좋을 때 청자가 언어외적 요소를 반영한 언향적 의미인 청유적 의미로 많은 수행을 한다. 화자가 친구이고 친분성이 보통일 경우에 청자가 언어적 의미인 평서적 의미로 수행하는 비율은 낮으나, 언향적 의미인 청유적 의미로 수행하는 비율은 높다. 따라서 화자의 친구이고 친분성이 좋을 때 청자는 언어외적 요소를 언어적 의미에 반영한 언향적 의미인 청유적 의미로 수행을 한다.

화자가 친구이고 친분성이 좋지 않을 때 청자가 언어적 의미인 평서적 의미로 수행하는 비율은, 언향적인 의미인 청유적 의미로 수행하는 비율보다 다소 낮다. 따라서 발화의 초점은 평서적 의미에 있으나 청자의 수행 초점은 청유적 의미에 있다.

화자가 연하이고 친분성이 좋을 때 청자가 언어적 의미인 평서적 의미로 수행하는 비율은 낮으나, 언향적 의미인 청유적 의미로 수행하는 비율은 다소 높다. 따라서 청자의 수행 초점은 화자의 발화 초점과 다르게 청유적 의미에 있다.

화자가 연하이고 친분성이 보통일 때 청자가 언어적 의미인 평서적 의미나, 언향적 의미인 청유적 의미로 수행하는 비율은 비슷하다. 따라서 화자의 발화 초점과 다르게 청자의 수행 초점은 언향적 의미인 청유적 의미에 있다. 화자가 연하이고 친분성이 좋지 않을 때 청자가 언어적 의미인 평서적 의미로 수행하는 비율은 낮으나, 언향적 의미인 청유적 의미로 수행하는 비율은 높다.

화자가 친구, 연하일 경우에 청자가 적극적인 수행을 하므로써 자신과의 좋은 관계를 유지하기 위한 것으로 판단을 하기 때문이다. 그러나 친분성이 낮을 경우에 좋은 관계를 유지하기 위한 노력이 필요하지 않거나, 청자가 화자를 관심에 크게 두지 않으므로 적극적인 수행을 하지 않는다.

4) 화자의 표정

화자의 표정에 의해서도 발화 초점과 청자가 수행하는 초점은 다르다. 기본 언어외적 요소인 화자와 청자의 사회적 관계와 화자의 표정이 청자 수행에 함께 반영이 된다.

<표 6> 화자의 표정에 따른 청자 수행률

화자의 표정	화자	반응수	조건: 놀고 있을 때(늦은 시간이 아닌 경우)					청자 수행 초점
			발화: 이나야(이나씨) 이제 집으로 가자(가시지요).(청유문)					
			이나야(이나씨) 너무 늦었다(늦었습니다).(평서)	이나야(이나씨) 이제 집으로 가자(가시지요).(청유)	이나야(이나씨) 이제 집으로 가거라(가시오).(명령)	이나야(이나씨) 지금 집으로 갈 수 있느냐(있습니까)?(의문)	기타	
부드러움	연상	인 원	34	389	467	11	7	명령
		백분율	3.7	42.8	51.4	1.2	0.8	
	친구	인 원	9	637	244	5	13	청유
		백분율	1	70.2	26.9	0.6	1.4	
	연하	인 원	56	776	48	10	18	청유
		백분율	6.2	85.5	5.3	1.1	2	
보통	연상	인 원	32	257	574	17	28	명령
		백분율	3.5	28.3	63.2	1.9	3.1	
	친구	인 원	17	647	220	5	19	청유
		백분율	1.9	71.3	24.2	0.6	2.1	
	연하	인 원	25	790	59	23	11	청유
		백분율	2.8	87	6.5	2.5	1.2	
나쁨	연상	인 원	19	95	767	6	21	명령
		백분율	2.1	10.5	84.5	0.7	2.3	
	친구	인 원	15	557	317	13	6	청유
		백분율	1.7	61.3	34.9	1.4	0.7	
	연하	인 원	9	587	234	51	27	청유
		백분율	1	64.6	25.8	5.6	3	

　화자가 연상이고 표정이 부드러울 때, 청자는 언어적 의미가 청유적 의미일지라도 언어외적 요소를 언어적 의미에 반영한 언향적 의미인 명령적 의미로 많은 반응을 한다. 화자가 연상이고 표정이 보통일 경우에 청자는 명령적 의미로 더 많은 수행을 한다. 화자가 연상이고 화자의 표정이 좋지 않을 때, 청자가 언향적 의미인 명령적 의미로 많은 수행을 한다.

　청자의 연령이 낮고 또 화자가 연상이라는 요소외에 화자의 표정에 의해서 화자의 표정이 좋을 경우, 화자의 발화대로 수행하지 않아도 꾸중을 듣지 않을 것이라는 청자는 판단으로 다소 소극적인 수행을 할 수 있다. 그러나 화자의 표정이 좋지 않을 경우에는 청자가 화자의 발화에 적극적으로 수행을 하지 않을 경우에는 화자의 질책이 있거나, 화자와 관계가 좋지 못할 것이라는 판단하기 때문에 적극적으로 수행한다.

　화자가 친구, 연하이고 표정이 부드러울 경우에 수행에 언어외적 요소가 반영되기 어렵다. 그러므로 청자는 언어적 의미인 청유적 의미대로 수행을 한다. 화자가 친구, 연하이고 표정이 보통일 경우에도 언어외적 요소를 반영하기 어렵다. 따라서 청자가 언어적 의미인 청유적 의미로 수행하는 비율은 매우 높다.

　화자가 친구, 연하이고 화자의 표정이 나쁠 경우에 청자가 언어적 의미인 청유적 의미로 수행하는 비율은 다소 낮다. 이것은 화자가 언하니 친구이므로 화자의 표정이 청자 자신에게 미치는 영향을 크지 않으므로 수행에 소극적이다. 화자가 연하이므로 화자의 표정을 수행에 반영하지 않아도 청자는 어려움에 처해지거나 화자로부터 질책을 받지 않을 것이라는 판단을 하므로, 수행에 소극적이다.

　그러나 화자가 연하일 경우에도 청자가 다소 적극적으로 수행을 하는 것은, 화자가 연하이지만 표정이 좋지 않으므로 적극적인 수행을 하지 않으면 청자 자신과의 관계가 좋지 않을 것이라는 판단을 하기 때문이다. 따라서 자신의 의지가 아닌 적극적인 수행이다.

5) 청자의 감정

청자의 감정에 의해서도 청자 수행은 언어적 의미와 다르다. 이때에도 기본 언어외적 요소인 화자와 청자의 사회적 관계가 함께 청자 수행에 반영이 된다. 청자의 연령이 낮을수록 청자 자신의 감정에 의해서 수행되는 경향이 많다. 청자의 연령이 낮을수록 자신의 감정의 변화를 숨기지 못하고 드러내 놓기도 하고, 수행에 반영하기도 한다. 청자는 감정이 좋으면 언어적 의미대로 수행을 하는 경향이 크다. 그리고 청자의 감정이 나쁠수록 언어적 의미보다는 언향적 의미로 수행하는 비율이 높다.

<표 7> 청자의 감정에 따른 청자 수행률

청자의 감정	화자	반응수	조건: 책을 읽고 있는 청자에게					
			발화: 이나야(이나씨) 그 책은 재미있느냐 (있습니까)? (의문문)					
			이나야 (이나씨) 그 책은 재미있다 (있습니다) (평서)	이나야 (이나씨) 책을 빌려 주었으면 좋겠다 (좋겠습니다) (청유)	이나야 (이나씨) 책을 빌려 다오 (주시오) (명령)	이나야 (이나씨) 그 책은 재미 있느냐 (있습니까) (의문)	기타	청자 수행 초점
좋음	연상	인 원	17	216	75	576	24	의문
		백분율	1.9	23.8	8.3	63.4	2.6	
	친구	인 원	14	276	21	582	15	의문
		백분율	1.5	30.4	2.3	64.1	1.7	
	연하	인 원		379	11	486	32	의문
		백분율		41.7	1.2	53.5	3.5	

보통	연상	인 원	13	287	29	553	26	의문
		백분율	1.4	31.6	3.2	60.9	2.9	
	친구	인 원	5	118	74	704	7	의문
		백분율	0.6	13	8.1	77.5	0.8	
	연하	인 원		125	54	694	35	의문
		백분율		13.8	5.9	76.4	3.9	
나쁨	연상	인 원	21	105	552	211	19	명령
		백분율	2.3	11.6	60.8	23.2	2.1	
	친구	인 원	7	264	92	525	20	의문
		백분율	0.8	29.1	10.1	57.8	2.2	
	연하	인 원		237	127	521	23	의문
		백분율		26.1	14	57.4	2.5	

화자가 연상이고 청자의 감정이 좋을 때 언어적 의미인 의문적 의미로 수행하는 비율은 높다. 화자가 연상이고 청자의 감정이 보통일 때 언향적 의미인 청유적 의미로 수행하는 비율이 높아지고, 언어적 의미인 의문적 의미로 수행하는 비율은 낮아지지만 수행의 초점은 의문적 의미에 있다. 화자가 연상이고 청자의 감정이 좋지 않을 때 언향적 의미인 명령적 의미로 수행하는 비율이 높다. 이 것은 청자가 감정이 좋으므로 화자에 대한 관점도 좋아지게 된다. 따라서 청자는 화자가 이 책을 읽고 싶다는 생각을 하기보다는 '내가 읽고 있는 책에 관해서 궁금한 부분이 많을 것이다'라는 생각으로 적극적인 수행을 한다. 그러나 청자는 자신의 감정이 좋지 않을 경우에도 다소 적극적인 수행을 한다. 이것은 적극적인 수행이지만 청자 자신의 의지에 의한 적극적인 수행이 아니라, 자신의 의지가 아닌 적극적인 수행으로 볼 수 있다. 화자의 발화에 대해서 청자는 자신의 의지에 의해서 적극적으로 수행할 수 있는 마음의 준비가 되지 않았다. 따라서 '나에게 책을 다오'라는 명령적 의미로 받아들인다. 그러므로 청자 자신의 의지가 아닌 적극적인 수

행을 한다.

화자가 친구나 연하일 경우에 청자는 대체로 언어적 의미로 수행하는 경향이 높다. 화자가 친구이나 연하이고, 청자의 감정이 점차 나쁠수록 언어적 의미로 수행하는 비율은 점차 낮아진다. 그리고 이것은 청자가 언향적 의미인 명령적 의미로 수행하는 비율은 매우 높다. 청자 자신의 감정이 좋다면 화자의 발화에 대해서도 '내가 읽고 있는 책에 관해서 궁금한 부분이 많은가 보다' 하는 생각으로 적극적인 수행을 하기 때문이다. 그러나 청자는 자신의 감정이 좋지 않아도 적극적으로 수행을 하는 것은 자신의 의지에 의한 적극적인 수행이 아니라 어쩔 수 없는 상황에서의 수행으로 볼 수 있다.

<표 8> 청자의 수용력에 따른 수행률

화자수용력	화자	반응수	조건: 집으로 돌아가는 청자에게 발화: 이나야(이나씨) 우리 내일 일찍 오도록 하자(합시다).(청유문)					청자수행초점
			이나야(이나씨)내일일이바쁘다(바쁩니다).(평서)	이나야(이나씨) 내일 일찍 왔으면 좋겠다(좋겠습니다.(청유)	이나야(이나씨)내일 일찍 오너라(오시오)(명령)	이나야(이나씨)내일 일찍 올 수 있느냐(있습니까)?(의문)	기타	
있음	연상	인 원		165	524	69	12	명령
		백분율	15.2	18.2	57.7	7.6	1.3	
	친구	인 원	126	709	32	17	24	청유
		백분율						
	연하	인 원	140	721	25	5	17	청유
		백분율						

없 음	연상	인 원	174	293	367	48	26	명령
		백분율	19.2	32.3	40.4	5.3	2.9	
	친구	인 원	153	507	186	44	18	청유
		백분율	16.9	55.8	20.5	4.8	2	
	연하	인 원	294	524	47	25	18	청유
		백분율	32.4	57.7	5.2	2.8	2	

6) 청자의 수용력

청자의 수용력도 자신이 수행하는 초점에 반영이 된다. 언어외적 기본 요소인 화자와 청자의 사회적 관계와 발화에 대한 청자의 수용력이 함께 반영이 되어 발화 초점과 수행의 초점은 달라진다. (집으로 돌아가는 청자에게) "이나야(이나씨) 내일 일찍 오도록 하자(하시지요)"라는 발화가 청자 자신의 수용력에 따라서 언어적 의미인 청유적 의미로 수행을 하기도 한다. 그리고 청자는 언어외적 요소를 언어적 의미에 반영한 언향적 의미인 명령적 의미나, 평서적 의미로 수행을 하기도 한다.

화자가 연상이고 청자가 발화에 대해서 수용력이 있다면, 언어적 의미에 언어외적 요소를 반영한 명령적 의미로 수행을 한다. 그러나 화자가 연상이고 청자가 수용력이 없다면 언어적 의미로 수행하는 비율은 증가한다. 화자가 연상이고 청자인 내가 할 수 있는 능력이 있기 때문에 부탁을 하는 것으로 보고, 언어적 의미 이상으로 적극적인 수행을 한 결과로 볼 수 있다. 그러나 청자가 수행할 수 있는 능력이 없으면, 자신이 적극적으로 수행을 하지 못하므로 적극적인 수행률이 떨어진다.

화자와 청자의 사회적 관계가 친구이고 청자가 발화에 대해서 수용력이 있다면, 언향적 의미보다는 언어적 의미로 수행을 한다.

화자가 친구이고 청자가 수용력이 없다면, 언어적 의미로 수행하는 비율은 감소한다. 화자가 친구일 경우에 발화에 대한 청자의 수용력에 상관없이 청자는 언어적 의미로 수행을 한다. 화자가 친구일 경우에 청자의 수행 초점은 자신의 수용력에 관계없이 청유적 의미에 있다.

화자와 청자의 사회적 관계가 연하이고 청자가 발화에 대해서 수용력이 있다면 언어적 의미대로 수행을 한다. 화자가 연하이고 청자가 수용력이 없다면 언어적 의미로 수행하는 비율은 감소한다. 그러나 언향적 의미인 평서적 의미로 수행하는 비율은 증가된다.

청자는 화자가 연하이거나 친구일 경우 언어적 의미대로 수행하므로 소극적인 수행이다. 청자는 자신에게 할 수 있는 능력이 있으므로 화자가 '나에게 부탁을 하는가 보다', 하는 판단으로 수행을 하기 때문에, 화자가 연상에 비해서 수행에 있어서 다소 소극적이다. 그러나 자신에게 수용할 수 없는 발화라면 청자는 더 소극적으로 수행을 한다. 즉 자신이 화자의 발화를 수용할 수 없으므로, 언어적 의미대로 수행을 한다.

4. 요 약

이 장은 초등학교 학생을 대상으로 발화에 대해서 청자가 수행하는데 반영하는 언어외적 요소를 밝혔다. 언어외적 요소를 언어적 의미에 반영하여 발화초점과 수행초점이 일치하는지 밝혔다. 앞에서 논의된 사항을 요약하여 정리하면 다음과 같다.

(1) 청자는 발화에 대해서 청자가 수행하는데 영향을 끼치는 언

어외적 요소들을 같은 정도성으로 반영하지 않는다. 언어외적 요소들 중에서 반영되는 정도성이 높은 것부터 나열하면 '화자와 청자와의 관계, 청자의 이익, 발성의 정도성, 화자와 청자의 친분성, 화자의 표정, 청자의 감정, 발화에 대한 청자의 수용력'이다. 이 요소 중에서 기본이 되는 언어외적 요소는 '화자와 청자와의 관계'이다. 따라서 발화에 대한 초등학생의 수행은 다음과 같이 나타낼 수 있다.

[발화와 청자(초등학생) 수행과의 관계]

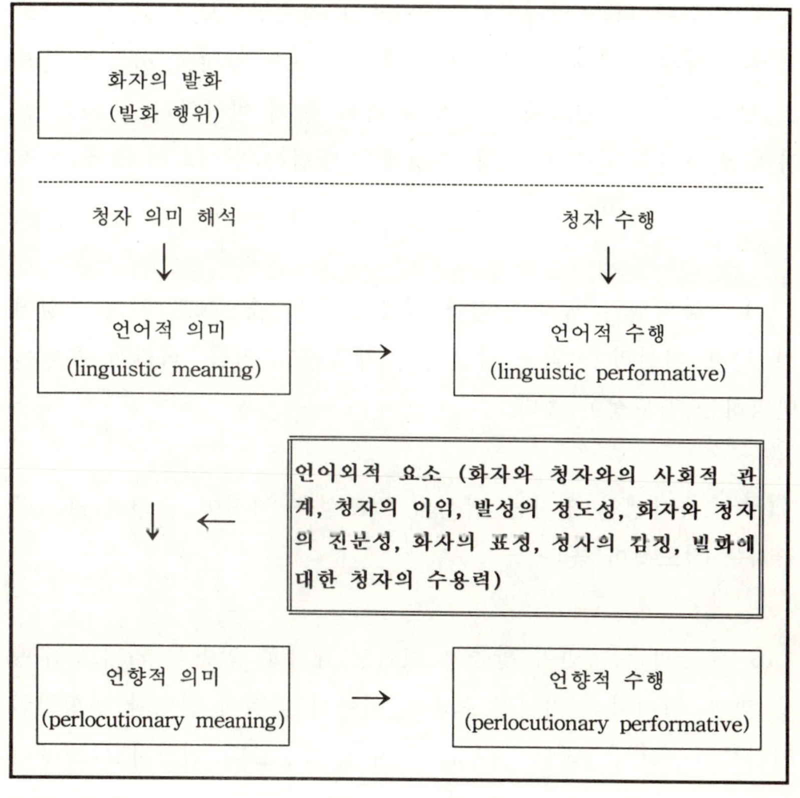

(2) 청자가 초등학생일 경우에는 청자 자신 중심의 언어생활을 한다. 연령이 적은 청자는 언어 활동의 폭이 좁으므로 소극적인 수행을 많이 하기도 하지만, 화자와의 관계에 따라서 적극적인 수행도 있다. 연령이 적은 청자일 경우의 적극적인 수행은 자신의 의지와 관련이 적은 적극적인 수행이다.

(3) 초등학생인 청자가 발화에 대해서 수행 할 때 반영하는 기본적인 언어외적 요소인 '화자와 청자와의 관계'만으로 언어적 의미에 반영되어 화자의 발화 초점과 청자의 수행 초점이 다를 수 있다. 그러나 다른 언어외적 요소는 그 자체만으로는 화자의 발화 초점과 청자의 수행 초점이 달라지는데 크게 영향을 끼치지 못하고 항상 '화자나 청자의 사회적 관계'와 함께 반영한다. 그리고 청자의 연령이 적을수록 청자 수행에 반영하는 언어외적 요소는 적다.

(4) 초등학생인 청자는 언어 생활의 폭은 좁으므로 언어 생활에서 청자 자신의 이익을 중요하게 생각하고 있다. 따라서 수행에 반영하는 정도성이 높다.

(5) 초등학생인 청자는 발성의 정도성을 자신이 수행하는데 반영하는 정도성이 높다.

(6) 초등학생은 언어 활동에 있어서 대체로 언어적 의미로 수행을 한다. 그러나 언어외적 요소를 언어적 의미에 반영한 언향적인 의미로도 수행을 하는 경우는 화자가 자신보다 연장자일 경우이

다. 이 때의 적극적인 수행은 자신의 의지에 의한 수행으로 보기
어렵다.

Ⅳ. 중학생의 언어수행과 언어외적 요인

이 장은 청자인 중학생을 대상으로 언어외적 요소의 정도성에 따른 화자의 발화 초점과 청자의 수행 초점이 일치하는지의 조사이다. 발화에 대해서 언어외적의 기본 요소인 화자와 청자의 사회적 관계를 반영하여 청자의 수행을 조사한 것이다.

① 이 조사에서의 연상에는 부모님, 선생님, 동기간, 연하에는 후배, 동기 등이 포함된 화자이다.

② 화자가 연상일 경우에 예사말로, 청자가 연상일 경우에 높임말로 발화하는 것을 원칙으로 한다.

③ 발화된 표현은 반어적인 의미나, 관용적인 표현은 아니다.

④ 청자의 의미 이해 초점과 수행 초점은 같은 것으로 본다(발화에 대한 청자의 이해 초점과 수행 초점은 다를 수 있다. 그러나 이 연구에서는 청자의 이해 초점과 수행 초점이 같은 것으로 보고 응답하도록 하였다.).

⑤ 반응문에 표현된 평서(평서적 의미), 요청(요청적 의미), 명령(명령적 의미), 의문(의문적 의미)은 청자가 생각한 대로 표현되지 않아도, 그 의미가 포함되었다고 판단되면 그 발화에 반응하도록 하였다.

1. 기본적인 언어외적 요소와 청자 수행

발화에 대해서 청자가 수행을 할 때 화자와 사회적 관계에 따라서 화자의 발화 초점과 청자의 수행 초점은 다르다. (가야할 곳을 가지 않는 청자에게 화자가), "이안(이안씨)는 왜 안갔느냐(안갔습니까)?"의 발화는 청자가 화자와 청자와의 관계에 따라서 언어적 의미로 수행을 하기도 한다. 그리고 언어외적 요소를 언어적 의미에 반영한 청유, 명령, 평서적 의미로 수행하기도 한다.

청자가 중학생일 경우에 대체로 언향적인 의미보다는 언어적 의미로 많은 수행을 한다. 이것은 언어활동에 있어서 언어외적 요소를 언어적 의미에 반영하여 언향적인 의미까지 파악하기가 어렵기 때문이다.

<표 1> 기본적인 언어외적 요소에 따른 청자의 수행률

화자	반응수	조건: 가야할 곳을 가지 않는 청자에게				청자 수행 초점
		발화: 이안이(이안씨)는 왜 안갔느냐 (안갔습니까)? (의문문)				
		이안이(이안씨)는 안 가고 있구나(있군요).(평서)	이안이(이안씨)는 갔으면 좋겠다(좋겠습니다).(청유)	이안이(이안씨)는 빨리 가거라(가시오).(명령)	이안이(이안씨)는 왜 안 갔느냐(갔습니까)?(의문)	
연상	인원	60	189	425	430	의문
	백분율	5.4	17.1	38.5	38.9	
친구	인원	21	371	86	626	의문
	백분율	1.9	33.6	7.8	56.7	
연하	인원	11	396	12	775	의문
	백분율	1	35.9	1.1	70.2	

화자가 연상일 경우에 청자가 언어적 의미인 의문적 의미로 수행하는 비율과 언향적 의미인 명령적 의미로 수행하는 비율은 비슷하다. 언향적 의미인 청유적 의미로 수행하는 비율은 낮다. 화자가 연상이기 때문에 명령적 의미로 적극적인 수행을 하기도 하나, 중학생인 청자는 화자와의 사회적 관계를 반영하는 비율이 낮다.

화자가 친구일 때 청자가 언어적 의미인 의문적 의미로 많은 수행을 한다. 청자가 언향적 의미인 청유적 의미로 수행하는 비율은 낮은 편이다. 이것은 화자와 청자가 친구사이에는 화자가 명령을 할 수 없다는 것이 기본 전제가 되기 때문이다.

화자가 연하일 경우에 청자는 화자가 연상이나 친구에 비해서, 언어적 의미인 의문적 의미로 많은 수행을 한다. 화자가 연하일 경우에 청자가 대체로 언어적 의미인 의문적 의미로 수행하는 비율이 높고, 청유적 의미로 수행하는 비율은 낮다.

청자가 언어적 의미인 의문적 의미로 많은 수행을 하는 것은 화자가 연상인 청자에게 명령보다는 질문을 할 수밖에 없다는 것이 전제가 되기 때문이다. 따라서 화자가 연하이면 청자의 수행 초점은 화자의 발화 초점과 같이 의문적 의미에 있다.

중학생은 언어 활동에 있어서 언어적 의미만을 파악하고, 언어외적 요소를 반영한 언향적인 의미까지 파악하기 어렵다. 따라서 청자는 화자가 연상이라도 언어적 의미로 수행하는 비율이 높다.

2. 화자와 청자의 관계에 따른 수행

다음은 청자가 수행하는데 영향을 끼치는 언어외적 기본 요소인 화자와 청자와의 관계를 세분하여 청자의 수행 초점을 분석한 것이다. 그러한 관계에서는 청자의 수행 초점이 어디에 있는지 조사하여 분석한 것이다.

  화자의 관계가 연상이면 청자는 언어적 의미대로만 수행하지 않는다. 화자의 발화에 대해서 청자가 수행을 할 때 화자와 사회적 관계에 따라서 발화의 초점과 청자의 수행 초점은 다르다. (가야 할 곳을 가지 않는 청자에게), "이안(이안씨)는 왜 안갔느냐(가지 않습니까)?"의 발화는 화자의 관계에 따라서 청자는 언어적 의미인 의문적 의미로 수행을 하기도 하고, 언향적 의미로 수행하기도 한다.

<표 2> 화자와의 세부 관계에 따른 청자 수행률

화자	관계	반응수	조건: 가야할 곳을 가지 않는 청자에게				
			발화: 이안(이안씨)는 왜 안갔느냐 (가지 않습니까)? (의문문)				청자 수행 초점
			이안(아안씨)이는 안가고 있구나 (안갔습니다) (평서)	이안(이안씨)이는 갔으면 좋겠다 (좋겠습니다) (청유)	이안(이안씨)이는 빨리 가거라 (가시오) (명령)	이안(이안씨)이는 왜 안갔느냐(안 갔습까)?(의문)	
연상	부모	인 원	47	215	473	369	명령
		백분율	4.3	19.5	42.8	33.4	
	동 기	인 원	64	227	466	347	명령
		백분율	5.8	20.6	42.2	31.4	
	선 배	인 원	24	351	486	243	명령
		백분율	2.2	31.8	44	22	
	선생님	인 원	39	185	587	293	명령
		백분율	3.5	16.8	53.2	26.5	
	연장자	인 원	138	108	372	486	의문
		백분율	12.5	9.8	33.7	44	
연하	후 배	인 원	24	269	28	783	의문
		백분율	2.2	24.4	2.5	70.9	
	동 기	인 원	19	223	9	853	의문
		백분율	1.7	20.2	0.8	77.3	

화자가 부모이면 청자는 언어적 의미인 의문적 의미로 수행하는 비율은, 언향적 의미인 명령적 의미로 수행하는 비율보다 적다. 화자가 동기(형, 언니, 누나, 오빠)일 경우에 청자는 언어적 의미인 의문적 의미나 언향적 의미인 청유적 의미로 수행하는 비율은 비슷하나, 명령적 의미에 수행하는 비율은 높다.

화자가 선생님이면 청자가 언어적 의미인 의문적 의미보다는 언향적인 의미인 명령적 의미로 수행하는 비율이 높아진다. 화자가 선생님일 경우에 청자가 언어적 의미보다는 언향적인 의미인 명령적 의미로 더 많은 수행을 화자가 선생님이므로 화자의 발화에 대해서 청자가 적극적으로 수행한 결과이다. 청자는 화자가 선생님이므로 적극적으로 수행을 할 수밖에 없다. 이는 화자가 선생님이므로 부모님보다는 예의적인 상황을 고려하기 때문이다.

화자가 자신보다는 연장자일 경우(아저씨, 아주머니…)에 청자는 화자가 부모님이나 선생님일 때와 또 다른 수행을 한다. 청자가 언어적 의미인 의문적 의미로 수행하는 비율은, 명령적 의미로 수행하는 비율보다 높다. 이것은 화자가 선생님이나 부모님에 비해서 일반 연장자일 경우에는 청자가 수행하는데 큰 부담을 가지지 않기 때문이다.

화자가 연하일 경우에 후배이든 동기간이든 언어적 의미로 많은 수행을 한다. 따라서 화자가 후배일 경우에 화자의 발화 초점과 청자의 수행 초점은 의문적 의미에 있다. 청자는 화자가 연하일 경우에 청자는 언어적 의미대로 수행을 한다. 화자가 부모님보다는 선생님일 경우에 예의적인 요소를 반영하고, 화자가 동기간보다는 부모님일 때 더 예의적인 요소를 반영하고 있다. 따라서 예의적인 요소를 고려하는 청자는 대체로 언어적 의미보다는 언어외적 상황을 반영한 언향적인 의미로 수행을 한다.

화자가 선생님일 경우에 청자는 선생님이기 때문에 의문적 의미보다는 명령으로 이해한다. 즉, 가야할 곳을 가지 않았기 때문에 청자는 자신의 잘못을 알고 있으므로, 화자의 발화에 따를 수밖에 없다. 그러나 화자가 연하일 경우에는 선생님이나 부모님에 비해서 발화가 청자에게 큰 부담으로 되지 않는다. 위에서 화자와 청자의 사회적 관계를 세분하여 발화에 대한 청자의 반응을 조사하였으나, 화자와 청자와의 관계에 따라 반응하는 비율은 다소 다르다. 그러나 청자의 수행 초점은 발화 초점과 다르지 않았다. 그러므로 세부 관계에 따른 청자의 수행은 의미없는 것으로 볼 수 있다. 따라서 이러한 언어외적 요소들을 반영하여 발화의 초점과 청자의 수행 초점이 일치하는지의 조사에서 제외한다.

3. 언어외적 요소와 청자 수행

발화에 대해서 중학생인 청자가 수행을 할 때 반영되는 요소 중에서 '화자와 청자의 사회적 관계'가 기본 요소이고, '청자의 이익, 화자와 청자의 친분성, 청자의 감정, 발성의 정도성, 화자의 표정, 발화에 대한 청자의 수용력' 등이 청자가 수행을 할 때 반영하는 요소이다. 다음은 '화자와 청자의 사회적 관계'를 기본 요소로 하여 다른 언어외적 요소들과 함께 청자 수행에 영향을 끼치는 정도성은 어느 정도인지 분석한다.

발화에 대해서 청자가 수행을 할 때 모든 요소의 영향을 받으나, '발화의 장소, 발화에 대한 청자의 경험, 화자의 성격, 발화의 상황성, 발화의 방법, 화자의 이익, 화자의 몸짓, 화자의 외모'라는 언어외적 요소는 청자가 수행을 할 때 끼치는 영향력은 크지 않다. 따라서 이러한 언어외적 요소들은 발화의 초점과 청자의 수행 초점이 일치하는지의 조사에서 제외한다.

1) 청자의 이익

<표 3> 청자의 이익에 따른 수행률

청자의 이익	화자	반응 수	조건: 책을 읽고 있는 청자에게 발화: 이안(이안씨)야 이 게임이 재미있다(재미있습니다).(평서문)					청자 수행 초점
			이안아 (이안씨) 이 게임이 재미있다 (재미있습니 다). (평서)	이안아 (이안씨) 우리 게임을 하자 (합시다). (청유)	이안아 (이안씨) 게임을 하여라 (하시오). (명령)	이안아 (이안씨) 는 책이 재미있냐 (있습니까) ?(의문)	기타	
있음	연상	인 원	123	516	456		9	명령
		백분율	11.1	46.7	41.3		0.8	
	친구	인 원	367	643	31	51	12	청유
		백분율	33.2	58.2	2.8	4.6	1.1	
	연하	인 원	524	506	72		2	평서
		백분율	47.5	45.8	6.5		0.2	
없음	연상	인 원	450	267	363	17	7	평서
		백분율	40.8	24.2	32.9	1.5	0.6	
	친구	인 원	726	238	74	31	35	평서
		백분율	65.8	21.6	6.7	2.8	3.2	
	연하	인 원	873	127	59	41	4	평서
		백분율	79.1	11.5	5.3	3.7	0.4	

청자의 이익이라는 언어외적 요소에 의해서 발화의 초점과 청자의 수행 초점은 달라진다. 이 때에는 청자의 이익과 화자와 청자의 사회적 관계라는 기본적 언어외적 요소가 함께 반영이 된다. 청자가 중학생일 경우에 자신의 이익에 따라서도 언어적 의미와 언향적 의미는 달라진다. (책을 읽고 있는 청자에게), "이안(이안씨)아 이 게임이 재미있다(재미있습니다)." 라는 발화에 대하여 화자가 연상이고 청자 자신에게 이익이 있을 때와 없을 때, 발화 초점과 수행의 초점은 달라진다. 청자 자신이 생각하기에 책을 읽는 것과 게임하는 재미의 여부에 따라 수행에 차이가 있다.

화자가 연상이고 청자 자신에게 이익이 있을 때 언어적 의미인 평서적 의미로 수행하는 비율은 낮으나, 청유적 의미로 수행하는 비율과 명령적 의미로 수행하는 비율은 높다. 화자의 발화가 청자 자신에게 이익이 있을 경우에는 언어적 의미가 평서적 의미라도 청유적 의미나 명령적 의미로 수행을 한다.

그러나 화자가 연상이라도 발화가 청자 자신에게 이익이 없으면 수행하는 초점은 다르다. 청자가 언어적 의미인 평서적 의미로 청자가 수행하는 비율은, 언향적 의미인 명령적 의미로 수행하는 비율보다 다소 높다. 발화가 청자 자신에게 이익이 되면 언어적 의미대로 수행하지만, 청자 자신에게 이익이 되지 않으면 언어적 의미와 다르게 수행을 한다.

중학생인 청자가 게임을 하는 것에 적극적으로 수행하는 것은 화자가 연상이므로 적극적으로 수행을 할 수밖에 없다. 또 게임을 하는 것이 자신에게 재미있는 것이므로 적극적인 수행을 한 결과로 보여진다. 그러나 청자 게임이 자신에게 이익이 되지 않는다면 화자가 연상이라도 소극적인 수행을 한다. 청자는 아직 연령이 낮으므로 자신의 이익을 우선하므로, 게임을 하지 않는 것이 자신에게 이익이 되기 때문에 소극적인 수행을 한다.

화자가 친구일 경우에도 청자 자신의 이익과 매우 밀접한 관련을 가지고 있다. 화자가 친구이고 발화가 청자 자신에게 이익이 된다면, 평서적 의미보다도 청유적 의미로 많은 수행을 한다. 발화가 청자 자신에게 이익이 없을 경우에도 언어적 의미인 평서적 의미로 수행하는 비율은 청유적 의미로 수행하는 비율보다 높다.

화자가 연하이고 발화가 청자 자신에게 이익이 되면 언어적 의미가 평서적 의미이라도 청유적 의미로 수행을 하는 비율이 높다. 그리고 발화가 청자에게 이익이 되지 않는다면 청유적 의미보다는 언어적 의미인 평서적 의미로 수행을 한다. 따라서 화자가 연하일지라도 발화가 청자 자신에게 이익이 된다면, 자신에게 유리한 방향으로 수행을 한다.

화자가 친구, 연하일 경우에도 청자는 자신의 이익에 따라 적극적인 수행을 한다. 이것은 화자의 발화가 자신에게는 재미있는 행위이므로 청자는 화자의 관계보다는 자신의 이익에 많은 관심을 가지기 때문이다. 그러나 화자가 연하일 경우에는 소극적으로 수행을 한다. 이것은 청자가 자신보다 화자가 연하이므로 연하에게 게임을 하고자 하는 속마음을 나타내기 어렵기 때문이다.

그러나 발화가 청자 자신에게 이익(재미)이 없을 경우에 소극적인 수행을 하는 것은 이익도 없을 뿐만 아니라, 소극석인 수행을 해도 화자와 사회적 관계가 부담이 되지 않는다. 따라서 청자는 화자의 발화에 크게 관심을 가지지 않으므로 화자의 발화에 소극적인 수행을 한다.

2) 화자와 친분성

화자와 청자의 친분성에 의해서도 발화의 초점과 청자 수행 초점은 다르다. 기본적인 언어외적 요소인 화자와 청자와의 관계와 화자와 청자의 친분성이 함께 반영이 되어, 수행에 영향을 끼친다. 화자와 청자의 친분성에 의한 수행은 언어적 의미보다는 언향적 의미로 많은 수행을 한다.

〈표 4〉 화자와 친분성에 따른 청자 수행률

친분성	화자	반응수	조건: 어디를 가려고 하는 청자에게					
			발화: 이안아(이안씨) 기차가 빠르다(빠릅니다).(평서문)					
			이안아 (이안씨) 기차가 빠르다 (빠릅니다). (평서)	이안아 (이안씨) 기차를 타고 갔으면 좋겠다 (좋겠습니다).(청유)	이안아 (이안씨) 기차를 타고 가거라 (가시오). (명령)	이안아 (이안씨) 기차를 타고 가면 어떻겠니 (어떻겠습니)? (의문)	기타	청자 수행 초점
친함	연상	인 원	213	274	421	188	8	명령
		백분율	19.3	24.8	38.1	17	0.7	
	친구	인 원	329	377	64	329	5	청유
		백분율	29.8	34.1	5.8	29.8	0.5	
	연하	인 원	342	457	12	286	7	청유
		백분율	31	41.4	1.1	25.9	0.6	
보통	연상	인 원	249	219	459	164	13	명령
		백분율	22.6	19.8	41.6	14.9	1.2	
	친구	인 원	237	587	96	159	25	청유
		백분율	21.5	53.2	8.7	14.4	2.3	
	연하	인 원	367	468	26	224	19	청유
		백분율	33.2	42.4	2.4	20.3	1.7	
나쁨	연상	인 원	218	371	418	83	14	명령
		백분율	19.7	33.6	37.9	7.5	1.3	
	친구	인 원	365	623	49	61	6	청유
		백분율	33.1	56.4	4.4	5.5	0.5	
	연하	인 원	460	541	23	56	24	청유
		백분율	41.7	49	2.1	5.1	2.2	

화자가 연상이고 화자와 친분성이 좋을 때, 청자는 언어적 의미인 평서적 의미, 언향적 의미인 청유적 의미, 의문적 의미로 수행하는 비율은 비슷하다. 그리고 명령적 의미로 수행하는 비율은 높다. 화자가 연상이고 친분성이 좋을 때 화자의 발화 초점은 평서적 의미에 있으나, 청자의 수행 초점은 명령적 의미에 있다.

화자가 연상이고 친분성이 보통일 때 청자는 언향적인 의미인 의문적 의미나 청유적 의미로 수행하는 비율이 비슷하다. 화자가 연상이고 친분성이 좋을 때와 보통일 경우에 청자가 수행하는 비율은 비슷하고, 명령적 의미로 수행하는 비율은 높아진다. 화자와 친분성이 좋지 않을 때 청자의 수행 초점은 명령적 의미에 있다. 화자가 연상이고 친분성이 좋을수록 청자는 언어외적 요소를 언어적 의미에 반영한 언향적 의미로 수행하는 비율이 높아진다.

화자와 친구이고 친분성이 좋을 때 청자는 언향적 의미인 청유적 의미로 많은 수행을 한다. 화자가 친구이고 친분성이 보통일 경우에 청자가 언어적 의미인 평서적 의미로 수행하는 비율은 다소 낮고, 언향적 의미인 청유적 의미로 수행하는 비율은 높다. 화자가 친구이고 친분성이 좋지 않을 때 발화의 초점은 평서적 의미에 있으나, 청자의 수행 초점은 청유적 의미에 있다. 화자가 친구일 때는 화자와의 친분성에 관계없이 청자의 수행 초점은 언어외적 상황을 반영한 언향적 의미인 청유적 의미에 있다.

화자가 연하이고 친분성이 좋을 때, 청자가 언어적 의미인 평서적 의미로 수행하는 비율은 언향적 의미인 청유적 의미로 수행하는 비율보다 낮다. 그리고 화자가 연하이고 친분성이 좋을 때 청자의 수행 초점은 화자의 발화 초점과 다르게 청유적 의미에 있다. 화자가 연하이고 친분성이 보통일 경우에도 화자의 발화 초점과 다르게 청자의 수행 초점은 청유적 의미에 있다. 화자가 연하이고 친분성이 좋지 않을 때, 화자의 발화 초점과 다르게 청자의 수행 초점은 청유적 의미에 있다. 그리고 청자는 언어적 의미에 수행하는 비율은 높아지고 언향적 의미인 의문적 의미로 수행하는 비율은 낮아진다.

화자가 친구이거나 연하이면 화자와의 친분성을 반영하기도 한다. 화자와 친분성이 좋을수록 청자는 적극적인 수행이나, 친분성이 없으면 소극적인 수행으로 나타난다. 이것은 화자와 친분성이 좋으니까 청자는 화자의 발화대로 수행하고자 하는 마음으로 나타나지만, 그렇지 않을 경우에는 화자의 발화를 관심에 두지는 않으므로 청자는 언어적 의미대로 수행을 한다.

3) 청자의 감정

청자의 감정에 의해서도 발화초점과 수행 초점이 언어적 의미와 달라진다. 기본적 언어외적 요소인 화자와 청자의 사회적 관계와 청자의 감정과 함께 청자 수행 초점에 영향을 끼친다. 청자의 연령이 낮을수록 자신의 감정에 의해서 수행되는 경향이 많다. 청자의 감정이 좋으면 언어적 의미대로 수행을 한다. 그러나 청자의 감정이 나빠질수록 언어적 의미보다는 언향적 의미로 수행하는 비율이 높다.

<표 5> 청자의 감정에 따른 수행률

청자의 감정	화자	반응 수	조건: 책을 읽고 있는 청자에게 발화: 이안아(이안씨) 그 책은 재미 있느냐 (있습니까)? (의문문)					청자 수행 초점
			이안아 (이안씨) 그 책은 재미있다 (있습니다) (평서)	이안아 (이안씨) 책을 빌려 주었으면 좋겠다 (좋겠습니다). (청유)	이안아 (이안씨) 책을 빌려 다오 (주시오). (명령)	이안아 (이안씨) 그 책은 재미 있느냐 (있습니까)? (의문)	기타	
좋음	연상	인 원	44	171	137	742	10	의문
		백분율	4	15.5	12.4	67.2	0.9	
	친구	인 원	14	387	29	456	18	의문
		백분율	1.3	35.1	26.3	41.3	1.6	
	연하	인 원	13	429	11	644	7	의문
		백분율	1.2	38.9	1	58.3	0.6	
보통	연상	인 원	17	302	83	676	26	의문
		백분율	1.5	27.4	7.5	61.2	2.4	
	친구	인 원	9	359	16	686	34	의문
		백분율	0.8	32.5	1.4	62.1	3.1	
	연하	인 원	7	368	9	713	7	의문
		백분율	0.6	33.3	0.8	64.6	0.6	
나쁨	연상	인 원	36	274	620	147	27	명령
		백분율	3.3	24.8	56.2	13.3	2.4	
	친구	인 원	11	379	53	646	15	의문
		백분율	1	34.3	4.8	58.5	1.4	
	연하	인 원		278	12	793	21	의문
		백분율		25.2	1.1	71.8	1.9	

화자가 연상이고 청자의 감정이 좋을 때, 언어적 의미인 의문적 의미로 수행하는 비율은 높은 편이다. 청자가 언어외적 상황을 반영한 언향적 의미인 청유적 의미와 명령적 의미로 수행하는 비율은 낮다. 화자가 연상이고 청자의 감정이 좋을 때 언어적 의미로 수행을 하여 언어외적 요소를 고려하지 않고 있다.

화자가 연상이고 청자의 감정이 보통일 때 언어적 의미인 의문적 의미로 수행하는 비율은, 언향적 의미인 청유적 의미로 수행하는 비율보다 높다. 그리고 청자가 명령적 의미로 수행하는 비율은 매우 낮다. 화자가 연상이고 청자의 감정이 좋지 않을 때 언어적 의미인 의문적 의미로 수행하는 비율은 언향적 의미인 명령적 의미로 수행하는 비율보다 낮다.

청자는 감정이 좋지 않을수록 언어외적 요소를 반영한 언향적 의미에 수행 초점을 둔다. 이것은 청자가 연령이 적으므로 미루어 짐작하는 적극적인 수행(화자가 이 책을 보고 싶어하는가 보다. 그러면 빌려주어야지 하는 마음)을 보이지 않고, 언어적 의미대로 수행하기 때문이다. 그러나 감정이 좋지 않을 경우에 청자는 화자의 발화를 좋은 감정으로 받아들이지 않는다. 즉 '내가 보고 있는 책을 빌려 달라고 하는구나' 하는 생각에 좋지 않은 감정이므로 명령적 의미로 이해를 하여 적극적으로 수행한 결과이다. 그러나 이 때의 적극적인 수행은 청자 자신의 의지와 다른 적극적인 수행이다.

화자가 친구이고 청자는 감정이 좋을 때 언어적 의미대로 수행하는 비율이 높다. 화자가 친구이고 청자의 감정이 보통일 경우에는 감정이 좋을 때 보다 언어적 의미로 수행하는 비율이 높아진다. 화자가 친구이고 청자의 감정이 점차 나빠질수록 화자의 발화 초점인 언어적 의미로 수행하는 비율은 점차 낮아진다.

화자가 연하이고 청자의 감정이 좋을 때 언어적 의미인 의문적 의미로 수행하는 비율이 높다. 화자가 연하이고 청자의 감정이 보통일 경우에 언어적 의미로 수행하는 비율이 높아지고, 언향적 의미로 수행하는 비율은 점차 낮아진다. 화자가 연하이고 청자의 감정이 좋지 않을 경우에 언어적 의미로 수행하는 비율은 점차 높아진다. 그리고 언향적 의미인 청유적 의미나 명령적 의미로 수행하는 비율은 낮아진다. 화자가 연하이고 청자의 감정이 좋지 않을수록 언어적 의미로 더 많은 수행을 한다.

화자와의 사회적 관계가 연하이거나 친구이면, 청자는 대체로 발화에 대해서 적극적으로 수행하려는 의지를 가지지 않는다. 특히 연령이 적은 청자일수록 더욱 그러하다. 이것은 화자의 발화를 적극적으로 수행하지 않아도 자신에게 미치는 영향을 없기 때문일 것으로 보여진다. 따라서 연령이 낮은 청자는 자신의 감정이 좋지 않을 때에는 화자의 발화에 대해서 관심을 가지므로 적극적인 수행으로 나타나지 않는다.

4) 발성의 정도성

화자의 발성 정도성에 따라서도 청자가 수행하는 초점은 달라진다. 화자의 발성 정도성과 화자와 청자의 사회적 관계라는 기본적인 언어외적 요소와 함께 청자 수행에 영향을 끼친다. 청자의 연령이 적을수록 청자의 수행에 발성 정도성의 영향을 많이 받는다.

<표 6> 화자의 발성 정도성에 따른 청자 수행률

| 발성의 정도성 | 화자 | 반응수 | 조건: 시끄러운 곳에서 청자에게 | | | | | 청자 수행 초점 |
| | | | 발화: 이안아(이안씨) 이 교실(방)은 시끄럽구나(습니다).(평서문) | | | | | |
			이안아(이안씨)이 여기는 시끄럽구나(-습니다)(평서)	이안아(이안씨) 조용히 했으면 좋겠다(습니다)(청유)	이안아(이안씨) 조용히 하여라(하시오)(명령)	이안아(이안씨) 왜 이렇게 시끄럽지(습니까)?(의문)	기타	
높음	연상	인 원	193	167	605	123	16	명령
		백분율	17.5	15.1	54.8	11.1	1.4	
	친구	인 원	325	395	296	65	23	청유
		백분율	29.4	35.8	26.8	5.9	2.1	
	연하	인 원	388	432	144	129	11	청유
		백분율	35.1	39.1	13	11.7	1	
보통	연상	인 원	277	145	437	217	28	명령
		백분율	25.1	13.1	39.6	19.7	2.5	
	친구	인 원	501	352	96	121	34	평서
		백분율	45.4	31.9	8.7	11	3.1	
	연하	인 원	640	403	22	14	25	평서
		백분율	58	36.5	2	1.3	2.3	
작음	연상	인 원	341	201	377	137	48	명령
		백분율	30.9	18.2	34.1	12.4	4.3	
	친구	인 원	626	406	21	17	34	평서
		백분율	56.7	36.8	1.9	1.5	3.1	
	연하	인 원	777	291	17	7	12	평서
		백분율	70.4	26.4	1.5	0.6	1.1	

화자가 연상이고 발성의 정도성이 높을 때, 청자가 언어적 의미

인 평서적 의미로 수행하는 비율과 언향적 의미인 청유적 의미로 수행하는 비율은 비슷하다. 그리고 청자가 명령적 의미로 수행하는 비율이 가장 높다. 화자가 연상이고 발성의 정도성이 높을 때 청자는 언어적 의미보다는 언향적인 의미로 더 많은 수행을 한다. 화자가 연상이고 발성의 정도성이 보통일 경우에는 발성의 정도성이 높을 때보다 언어적 의미인 평서적 의미로 수행하는 비율은 높다. 그러나 청자가 명령적 의미에 수행하는 비율은 낮아지나 수행의 초점은 명령적 의미에 있다. 화자가 연상이고 발성의 정도성이 낮을때 청자는 언어적 의미인 평서적 의미로 수행하는 비율이 높아진다.

청자는 화자의 발성이 크다면 '우리가 매우 소란스러우니까 선생님이나 부모님께서 화가 나서 큰 소리로 말씀하시는가 보구나, 우리가 조용히 해야지' 하는 판단을 하여 적극적인 수행을 한다. 그러나 화자가 큰 소리로 발화하지 않는다면 화자를 크게 의식하지 않으므로 적극적으로 조용히 해야 한다는 생각을 갖지 않는다. 따라서 적극적인 수행이 되지 않는다.

화자가 친구이고 발성의 정도성이 높을 때 청자가 언어적 의미인 평서적 의미, 언향적 의미인 명령적 의미로 수행하는 비율과 비슷하다. 그리고 언향적 의미인 청유적 의미로 수행하는 비율은 높은 편이다. 화자가 친구이고 발성의 정도성이 보통일 경우에 화자의 발화초점과 청자의 수행초점은 평서적 의미에 있다. 화자가 친구이고 발성의 정도성이 낮을 때 청자가 언어적 의미인 평서적 의미로 수행하는 비율은, 언향적 의미인 청유적 의미로 수행하는 비율보다 다소 높다. 화자가 친구이고 발성의 정도성이 낮아질수록 청자는 언어적 의미인 평서적 의미로 수행하는 비율은 높아진다.

화자가 연하이고 발성의 정도성이 높을 때, 청자가 언어적 의미인 평서적 의미로 수행하는 비율과 언향적 의미인 청유적 의미로 수행하는 비율은 비슷하다. 그러나 발성의 정도성이 높을 때 화자의 발화 초점과 청자의 수행 초점은 청유적 의미에 있다. 발성의 정도성이 보통일 경우에, 화자의 발화 초점과 청자의 수행 초점은 평서적 의미에 있다.

화자가 연하이고 발성의 정도성이 낮을 때 청자가 언어적 의미인 평서적 의미로 수행하는 비율은 언향적 의미인 청유적 의미로 수행하는 비율은 보다 훨씬 높다. 화자가 연하이고 발성의 정도성이 낮을 때, 화자의 발화 초점과 청자의 수행 초점은 평서적 의미에 있다.

화자가 친구이거나 연하이고 발성의 정도성이 높을 경우에 청자는 '우리가 얼마나 소란스러우면 친구나 후배가 저런 발화를 하는가 보다' 하는 판단을 하므로 적극적인 수행이 될 수 있다. 이 때는 화자와 사회적 관계보다는 발성의 정도성이 높으므로 적극적인 수행을 한다. 그러나 발성의 정도성이 낮아질수록 소극적인 수행을 한다. 이것은 발성의 정도성이 낮으므로 청자는 화자의 존재를 인식하지도 못하고, 소란스러운 것에 대해서 관심을 두지 않기 때문이다.

발성의 정도성만으로 청자의 수행 초점이 달라지기보다는 화자와 청자의 사회적 관계가 기본적인 요소로서 청자가 수행하는데 함께 영향을 끼치고 있다. 화자가 연상이고 청자가 어릴수록 발성의 정도성이 높으면 명령적 의미로 많은 수행을 한다. 그러나 화자의 발성 정도성이 낮으면 청자는 명령적 의미로 많은 수행을 하지 않는다.

5) 화자의 표정

화자의 표정에 의해서도 청자의 수행 초점은 다르다. 화자와 청자의 사회적 관계라는 기본적인 언어외적 요소와 함께 화자의 표정이 청자 수행에 영향을 끼친다. 화자가 연상이고 표정이 부드러울 때, 청자가 언어적 의미인 청유적 의미로 수행하는 비율은 언향적 의미인 명령적 의미로 수행하는 비율보다 높다. 화자가 연상이라도 화자의 표정이 부드럽다면 청자는 명령적 의미보다는 청유적 의미로 수행을 한다. 화자가 연상이고 표정이 보통일 경우에 청자가 언어적 의미인 청유적 의미로 수행하는 비율은 언향적 의미인 명령적 의미로 수행하는 비율보다 낮다.

〈표 7〉 화자의 표정에 따른 청자 수행률

화자의 표정	화자	반응 수	조건: 놀고 있는 청자에게					
			발화: 이안아(이안씨) 집으로 가자 (가면 좋겠습니다).(청유문)					
			이안아 (이안씨) 늦었다. (늦었습니다) (평서)	이안아 (이안씨) 집으로 갔으면 좋겠다 (종겠습니다) (청유)	이안아 (이안씨) 집으로 가거라 (가시오) (명령)	이안아 (이안씨) 많이 놀았니 (놀았습니까) (의문)	기타	청자 수행 초점
부드러움	연상	인 원	8	508	471	14	43	청유
		백분율	0.7	51.4	42.7	1.3	4	
	친구	인 원	5	967	86	11	35	청유
		백분율	0.5	87.6	7.8	1	3.2	
	연하	인 원	105	956	21	8	14	청유
		백분율	9.5	86.6	1.9	0.7	1.3	

보	연상	인 원	64	376	594	33	37	명령
		백분율	5.8	34.1	53.8	3	3.4	
통	친구	인 원	22	914	125	17	26	청유
		백분율	2	82.8	11.3	1.5	2.4	
	연하	인 원	36	954	79	24	11	청유
		백분율	3.3	86.4	7.2	2.2	1	
나	연상	인 원	20	208	827	13	36	명령
		백분율	1.8	18.8	74.9	1.2	3.3	
	친구	인 원	17	826	209	24	28	청유
		백분율	1.5	74.8	18.9	2.2	2.5	
쁨	연하	인 원	41	743	282	31	7	청유
		백분율	3.7	67.3	25.5	2.8	0.6	

    화자가 연상이고 화자의 표정이 좋지 않을 때, 언향적 의미인 명령적 의미로 수행하는 비율이 점차 높아진다. 그리고 언어적 의미인 청유적 의미로는 화자의 표정이 좋을수록 많은 수행을 한다. 화자의 표정이 좋을 경우에도 청자는 '화자의 표정이 좋으니까 나에게 정말 부탁을 하는가' 하는 의미 해석을 하여 수행을 하므로 청유적 의미로 수행을 한다. 그러나 화자의 표정이 좋지 못하면, 청자는 '내가 화자의 부탁을 들어주지 못하면 화자가 질책을 할 것'이라는 생각을 하기 때문에 명령적 의미에 수행을 한다.

    화자가 친구이고 표정이 부드러울 경우에 청자가 언어적 의미인 청유적 의미로 수행하는 비율은 매우 높다. 화자가 친구일 경우에 청자는 언어외적 요소를 고려하지 않아도 될 수 있는 관계이므로 언어적 의미인 청유적 의미로 수행을 한다. 화자가 친구이고 표정이 보통일 경우에 청자가 언어적 의미인 청유적 의미로 수행하는 비율은 매우 높다. 화자가 친구이고 표정이 보통일 때도 표정이 좋을 때와 같이 화자의 발화 초점과 청자의 수행 초점은 청유적 의미에 있다. 화자가 친구이고 화자의 표정이 나쁠 경우에 청자가 언어적 의미인 청유적 의미로 수행하는 비율은 매우 높다. 청자는 화자가 친구일 경우에 화자의 초점과 청자의 수행 초점은 청유적 의미에 있다.

화자가 연하이고 화자의 표정이 부드러울 때 청자가 언어적 의미인 청유적 의미로 수행하는 비율은, 언향적 의미인 평서적 의미로 수행하는 비율보다 훨씬 높다. 이것은 화자가 연하일 경우에 연상인 청자에게 명령을 할 수 없다는 것이 기본적인 전제가 되기 때문에 청자는 명령적 의미로 수행하는 비율이 낮다. 화자가 연하이고 표정이 보통일 경우에 청자가 언어적 의미인 청유적 의미로 수행하는 비율도 매우 높다. 그리고 언향적 의미인 평서적 의미나 명령적 의미로 수행하는 비율은 낮다. 화자가 연하라도 화자의 표정이 좋지 않으면 청자는 청유적 의미로 수행을 한다. 화자가 연하이고 표정이 좋지 않을수록 청자가 언어적 의미보다는 명령적 의미로 수행하는 비율이 높아진다.

화자가 친구나 연하이고 표정이 부드럽다면 청자는 당연하게 화자가 자신에게 부탁을 하는 것이므로, 청유적 의미로 수행을 한다. 그러나 화자의 표정이 좋지 못하면 화자가 친구나 연하이더라도 자신과의 관계가 좋지 못할 것 같은 생각을 한다. 따라서 청자 자신의 의지에 의해서 수행하기보다는 자신의 의지와 다른 적극적인 수행의 결과이다. 청자는 화자의 부탁이라기보다 표정이 좋지 않으므로 명령으로 이해할 수 있다. 그러므로 청자는 명령적 의미에 수행하는 비율이 다소 증가된다.

화자의 표정에 화자와 청자의 사회적 관계, 화자와의 친분성, 청자의 감정, 발성의 정도성 등이 더해지면 언어적 의미보다는 언향적 의미로 수행하는 비율이 높아진다. 화자가 연하이면 연상인 청자에게 언어 생활상 명령을 할 수 있는 위치에 있지 않지만, 화자

의 표정이 좋지 않을수록 화자가 연상이든 연하이든 청자가 명령
적 의미로 수행하는 비율은 높아진다.

6) 청자의 수용력

청자의 수용력에 따라서 수행 초점은 언어적 의미와 다르다. 화
자와 청자의 사회적 관계라는 기본적인 언어외적 요소와 청자의
수용력이 청자의 수행에 함께 반영이 되어 발화 초점과 수행 초점
은 달라진다. 집으로 돌아가는 청자에게 화자가 "이안아(이안씨)
우리는 내일 일찍 나오도록 하자(나왔으면 좋겠습니다)"라는 발화
에 대해서 청자가 자신의 수용력에 따라서 언어적 의미인 청유적
의미로 수행을 하기도 한다. 그리고 청자는 언어외적 요소를 언어
적 의미에 반영하여 언향적 의미인 명령적 의미나, 평서적 의미로
수행을 하기도 한다.

<표 8> 청자의 수용력 따른 수행률

청자의 수용력	화자	반응수	조건: 일을 끝내고 가려는 화자에게					청자 수행 초점
			발화: 이안아 (이안씨) 내일은 일찍 오도록 하자(좋겠습니다). (청유문)					
			이안아 (이안씨) 내일 바쁘다 (바쁩니다)(평서)	이안아 (이안씨) 내일 일찍 왔으면 좋겠다 (좋겠습니다) (청유)	이안아 (이안씨) 내일 일찍 나오너라오 (나오시오) (명령)	이안아 (이안씨) 내일은 바쁩니까 (바쁘십니까)? (의문)	기타	
있음	연상	인 원	196	193	572	120	23	명령
		백분율	17.8	17.5	51.8	10.9	2.1	
	친구	인 원	91	784	74	139	16	청유
		백분율	8.2	71	6.7	12.6	1.4	
	연하	인 원	43	856	46	148	11	청유
		백분율	3.9	77.5	4.2	13.4	1	

없음	연상	인 원	159	142	602	146	55	명령
		백분율	14.4	12.9	54.5	13.2	5	
	친구	인 원	124	796	81	47	56	청유
		백분율	11.2	72.1	7.3	4.3	5.1	
	연하	인 원	198	873	14		19	청유
		백분율	17.9	79.1	1.3		1.7	

　화자가 연상이고 청자가 수용력이 있을 때, 언어외적 요소를 언어적 의미에 반영한 언향적 의미인 명령적 의미로 적극적인 수행을 한다. 그러나 화자가 연상이고 청자가 수용력이 없을 때 언어적 의미나, 언향적 의미인 명령적 의미로 수행하는 비율은 높아진다. 그리고 언향적 의미인 청유적 의미로 수행하는 비율은 다소 높다.

　발화에 대해서 청자가 수용력이 있을 때의 적극적인 수행은 자신의 의지에 의한 적극적인 수행이다. 그러나 청자가 수용력이 없을 때의 적극적인 수행은 자신의 의지에 의한 적극적인 수행이 아니다. 발화에 대해서 수용능력은 없지만 발화대로 수행할 수밖에 없기 때문에 자신의 의지에 의한 적극적인 수행이 아니다.

　화자가 친구이고 청자가 수용력이 있을 때 언어외적 요소를 반영한 언향적 의미로 수행하기보다는 언어적 의미로 수행을 한다. 화자가 친구이고 청자가 수용력이 없을 때도 수용력이 있을 때와 비슷한 비율로 수행을 한다. 화자가 친구일 경우에 청자의 수행 초점은 청자의 수용력에 관계없이 언어적 의미인 청유적 의미에 있다

　화자와 청자의 사회적 관계가 연하이고 발화에 대해서 수용력이 있다면, 청자는 언어적 의미인 청유적 의미로 수행하는 비율은 언어외적 요소를 반영한 언향적 의미인 의문적 의미로 수행하는 비

율보다 훨씬 높다. 화자가 연하이고 청자가 수용력이 없다면 언어
적 의미인 청유적 의미로 수행하는 비율은 높다. 그러나 언어외적
상황을 고려하는 언향적 의미인 평서적 의미로 수행하는 비율보다
높아진다.

　화자가 친구이거나, 연하일 경우에는 청자 수용력의 여하에 관
계하지 않고, 언어적 의미대로 수행을 한다. 이것은 화자가 친구이
거나 연하이므로 청자를 발화에 대한 수용력이 문제가 되지 않는
다. 화자의 발화를 수용을 하지 못해도 화자가 연상인 경우와 다
르게 청자는 연하인 화자에게 부담을 가지지 않기 때문이다.

4. 요 약

　이 장은 중학생을 대상으로 발화에 대해서 청자가 수행하는데
반영하는 언어외적 요소와 정도성을 밝혔다. 이 장을 요약하여 정
리하면 다음과 같다.

　(1) 중학생인 청자는 발화에 대해서 청자가 수행하는데 영향을 끼
치는 언어외적 요소들은 같은 정도성으로 반영하지 않는다. 언어외
적 요소들 중에서 반영되는 정도성순으로 나열하면 '화자와 청자와
의 관계, 청자의 이익, 화자와 청자의 친분성, 청자의 감정, 발성의
정도성, 화자의 표정, 발화에 대한 청자의 수용력'이다. 이 요소 중에
서 기본이 되는 언어외적 요소는 '화자와 청자와의 관계'이다. 따라
서 청자가 중학생일 경우에 발화와 청자 수행과의 관계를 다음과
같이 나타낼 수 있다. 언어적 의미에 언어외적 요소와 정도성을 반
영할 경우 발화초점과 수행초점의 일치점을 조사하였다.

[발화와 청자(중학생) 수행과의 관계]

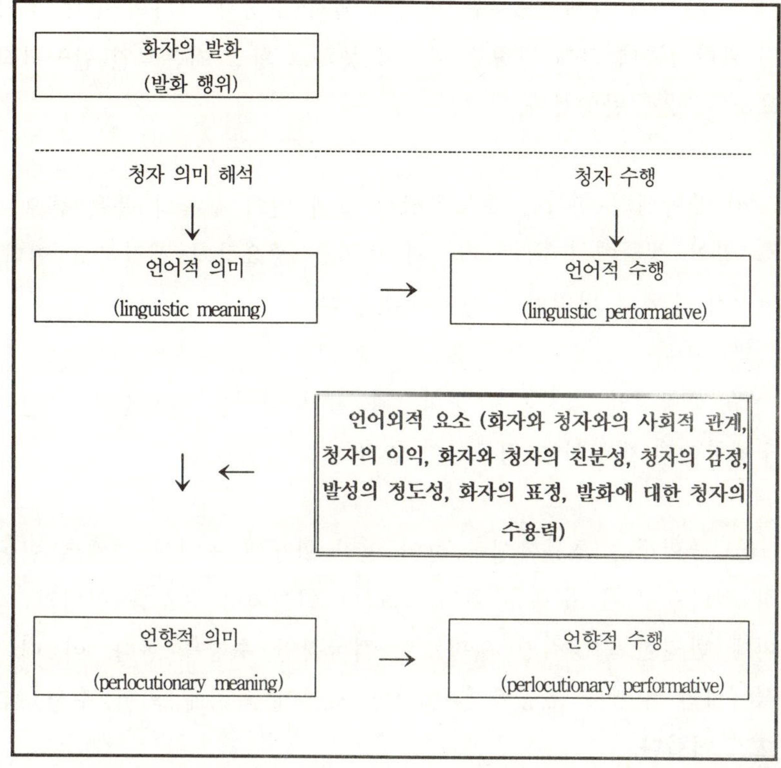

(2) 중학생인 청자의 경우에는 초등학생과 같이 자신 중심의 언어 생활을 대체로 많이 하지만, 상황에 따라 화자의 입장도 조금은 고려하는 듯하나 그 폭은 크시 않나. 이것은 연령이 석은 청자인 중학생은 언어 생활의 폭이 다소 좁기 때문이다.

(3) 중학생인 청자가 수행할 때 반영하는 기본적인 언어외적 요소인 '화자와 청자와의 관계'만으로 언어적 의미에 반영되어 화자의

발화 초점과 청자의 수행 초점이 다를 수 있다. 그러나 다른 언어외적 요소는 그 자체만으로는 화자의 발화 초점과 청자의 수행 초점이 달라지는데 크게 영향을 끼치지 못하고 항상 기본적인 언어외적 요소와 함께 반영한다.

(4) 중학생인 청자는 초등학생과 같이 언어 생활의 폭은 좁으므로 언어 생활에서 청자 자신의 이익을 중요하게 생각하고 있다. 따라서 수행에 반영하는 정도성이 높다.

(5) 중학생인 청자는 초등학생과 같이 발성의 정도성을 자신이 수행하는데 반영하는 정도성이 높다.

(6) 중학생은 초등학생과 같이 언어 활동에 있어서 대체로 언어적 의미로 많은 수행을 한다. 그러나 언어외적 요소를 언어적 의미에 반영한 언향적인 의미로도 적극적인 수행을 한다. 이 때의 적극적인 수행도 초등학생과 같이 자신의 의지에 의한 수행으로 보기 어렵다.

V. 고등학생의 언어수행과 언어외적 요인

　이 장은 고등학생을 대상으로 언어외적 요소의 정도성에 따른 화자의 발화 초점과 청자의 수행 초점이 일치하는지의 조사이다. 발화에 대해서 언어외적의 기본 요소인 화자와 청자의 사회적 관계를 반영하여 청자의 수행을 조사한 것이다. ① 이 조사에서의 연상에는 부모님, 선생님, 동기간, 연하에는 후배, 동기 등이 포함된 화자이다. ② 화자가 연상일 경우에 예사말로, 청자가 연상일 경우에 높임말로 발화하는 것을 원칙으로 한다. ③ 발화된 표현은 반어적인 의미나, 관용적인 표현은 아니다. ④ 청자의 의미 이해 초점과 수행 초점은 같은 것으로 본다(발화에 대한 청자의 이해 초점과 수행 초점은 다를 수 있다. 그러나 이 연구에서는 청자의 이해 초점과 수행 초점이 같은 것으로 보고 응답하도록 하였다). ⑤ 반응문에 표현된 평서(평서적 의미), 요청(요청적 의미), 명령(명령적 의미), 의문(의문적 의미)은 청자의 생각대로 표현되지 않아도, 그러한 의미가 포함되었다고 판단되면 그 발화에 반응하도록 하였다.

1. 언어외적 요소와 청자 수행

  발화에 대한 청자 수행 때 화자와의 사회적 관계에 따라서 언어
적 의미와 청자의 수행은 다르다. 가야 할 곳을 가지 않는 청자에
게 화자가 "이나(이나씨)는 왜 안갔느냐(안갔습니까)?"의 발화는
화자와의 사회적 관계에 따라서 청자는 언어적 의미인 의문적 의
미로 수행을 한다. 또 언어외적 요소를 언어적 의미에 반영한 청
유, 명령, 평서적 의미 등으로 수행하기도 한다. 청자가 고등학생
일 경우에 언향적 의미로 수행하는 것은, 언어 활동에 있어서 언
향적인 의미를 파악하려는 능력이 있는 것으로 볼 수 있다.

  화자와의 사회적 관계가 연상일 경우에 청자는 언어적 의미인
의문적 의미로 수행하는 비율은 낮으나, 언향적 의미인 명령적 의
미로 수행하는 비율은 높다. 고등학생인 청자는 언어의 활동에 있
어서 화자와의 사회적 관계를 언어적 의미에 반영한 수행을 하고
있다.

〈표 1〉 기본적인 언어외적 요소에 따른 청자의 수행률

관계	반응수	조건: 가야할 곳을 가지 않는 청자에게				
		발화: 이나(이나씨)는 왜 안갔느냐(안갔습니까)?(의문문)				
		이나(이나씨)는 안가고 있구나(있군요).(평서)	이나(이나씨)는 갔으면 좋겠다(좋겠습니다).(청유)	이나(이나씨)는 빨리 가거라(가시오).(명령)	이나(이나씨)는 왜 안갔느냐(안갔습니까)?(의문)	청자 수행 초점
연상	인원	20	162	625	136	명령
	백분율	2.18	17.2	66.3	14.4	
친구	인원	8	408	31	496	의문
	백분율	0.8	43.3	3.3	52.6	
연하	인원		442	8	493	의문
	백분율		46.9	0.8	52.3	

화자가 연상일 때 명령적 의미로 수행하는 비율이 높다. 화자가 청자 자신보다 연상이므로 '청자인 내가 반드시 가야 한다'는 표현으로 이해를 한다. 청자는 자신의 잘못을 알기 때문에 화자로부터 꾸중을 듣지 않기 위한 적극적인 수행으로 볼 수 있다. 자신의 의지에 의한 적극적인 수행이라기보다, 자신의 잘못과 화자가 연상이라는 복합적인 요소 때문에 적극적인 수행을 한다.

화자가 친구일 때 청자가 언어적 의미인 의문적 의미로 수행하는 비율은, 언향적 의미인 명령적 의미로 수행하는 비율보다 다소 높다. 그리고 청자는 언어적 의미인 의문적 의미로 많은 수행을 한다. 이것은 화자와 청자가 친구일 때 화자가 명령을 할 수 없다는 것이 기본 전제가 되기 때문이다. 화자가 친구일 경우에 화자의 발화 초점과 청자의 수행 초점은 의문적 의미에 있다.

화자가 연하일 경우에 청자는 언어적 의미인 청유적 의미로 많은 수행을 한다. 그러나 화자가 연하일 경우에 청자가 언어적 의미인 의문적 의미로 수행하는 비율은, 언향적 의미인 청유적 의미로 수행이 하는 비율보다 높은 편이다. 이것은 화자가 연상인 청자에게 명령보다는 질문을 할 수밖에 없다는 것이 전제가 되기 때문이다. 그리고 청유적 의미로도 많이 수행하는 것은, 화자가 연하일지라도 청자는 발화의 상황에 따라서 언향적인 의미로 수행하기 때문이다.

화자는 청자와 친구이거나 자신보다 연하이므로 자신의 잘못에 대해서 크게 생각하지 않는다. 화자의 발화대로 수행을 하지 않아도 꾸중을 듣지 않는다는 판단을 하기 때문에 언어적 의미대로 수행하는 비율이 높다.

기본 언어외적 요소인 화자와 청자의 사회적 관계에 따라서 화자의 발화 초점과 청자가 수행하는 초점이 다르다. 고등학생인 청자는 언어 활동에 있어서 언어적 의미로도 수행을 하지만 언어외적 요소를 언어적 의미에 반영한 언향적인 의미까지 파악하려는 능력이 있다. 따라서 청자의 연령이 많아질수록 언어적 의미보다는 언향적인 의미로 수행을 한다. 이와 같이 화자와 청자의 사회적 관계에 의해서 청자가 수행하는 초점은 발화 초점과 달라진다. 청자가 수행하는 초점에 화자와 청자의 사회적 관계가 언어외적 기본 요소로서 다른 언어외적 요소와 함께 반영이 된다.

2. 화자와 청자의 관계에 따른 수행

다음은 청자의 이해와 수행에 영향을 끼치는 언어외적 기본 요소인 화자와 청자의 사회적 관계를 세분하여, 청자의 수행에 반영하여 수행 초점을 분석한 것이다. 가야 할 곳을 가지 않았을 때 '이나(이나씨)는 왜 안갔느냐(안갔습니까)?'의 발화는 화자의 관계에 따라서 청자가 언어적 의미인 의문적 의미로 수행을 한다. 또 언어적 의미에 언어외적 요소를 반영하여 언향적 의미인 청유, 명령, 평서적 의미 등으로 수행을 한다. 화자와의 사회적 관계에서 연상에는 부모님, 선생님, 동기간, 선배, 연장자, 연하에는 동기간, 후배일 경우에 청자의 수행 초점은 어디에 있는지 조사하였다.

<표 2> 화자와 청자의 세부 관계에 따른 청자의 수행률

화자	관계	반응수	조건: 가야할 곳을 가지 않는 청자에게 발화: 이나(이나씨)는 왜 안갔느냐(가지 않습니까)?(의문문)				청자수행초점
			이나(이나씨)는 안가고 있구나(있군요).(평서)	이나(이나씨)는 갔으면 좋겠다(좋겠습니다).(청유)	이나(이나씨)는 빨리 가거라(가시오).(명령)	이나(이나씨)는 왜 안갔느냐(안갔습까)?(의문)	
연상	부모	인원	18	131	648	146	명령
		백분율	1.9	13.9	68.7	15.5	
	동기	인원	74	146	594	129	명령
		백분율	7.8	15.5	63	13.7	
	선배	인원	69	140	529	205	명령
		백분율	7.3	14.8	56.1	21.7	
	선생님	인원	12	71	723	137	명령
		백분율	1.3	7.5	76.7	14.5	
	연장자	인원	27	187	495	234	명령
		백분율	2.9	19.8	52.5	24.8	
연하	후배	인원	4	406	12	521	의문
		백분율	0.4	43.1	1.3	55.2	
	동기	인원	3	355	7	578	의문
		백분율	0.3	37.6	0.7	61.3	

위의 분석에서 알 수 있듯이 화자가 부모님, 선생님, 형, 또는 선배이면 청자는 언어적 의미대로만 수행하지 않는다. 화자가 부모이면 언어적 의미인 의문적 의미보다는 명령적 의미로 수행하는 비율이 높다. 그리고 청자가 언어적 의미인 의문적 의미로 수행하는 비율과 언향적 의미인 청유적 의미로 수행하는 비율은 비슷하다.

화자가 동기간(형, 언니, 누나, 오빠)일 경우에 청자가 언어적 의미인 의문적 의미나, 언향적 의미인 청유적 의미로 수행하는 비율은 비슷하다. 화자가 동기간일 경우에도 청자가 언어적 의미보다 언향적 의미인 명령적 의미로 수행하는 비율이 높다. 화자가 선배일 경우에는 청자가 언어적 의미인 의문적 의미로 수행하는 비율이나, 명령적 의미로 수행하는 비율이 화자가 동기일 때 비해서 높다.

화자가 선생님이면 청자가 언어적 의미인 의문적 의미보다는 언향적인 의미인 명령적 의미로 수행하는 비율이 높아진다. 화자가 선생님일 경우에 청자는 언어적 의미보다는 언향적인 의미인 명령적 의미로 더 많은 수행을 하는 것은, 화자가 부모님, 동기, 선배보다 선생님이라는 관계에서, 청자는 화자의 발화에 순응할 수밖에 없으므로 명령적 의미로 적극적인 수행을 한다. 화자의 발화대로 순응하지 않으면 청자 자신의 잘못에 대해서 화자로부터 꾸중을 듣기 때문에 더욱 적극적으로 수행을 하게 된다.

화자가 자신보다는 연장자(아저씨, 아주머니…)일 경우에는 다른 의미로 해석을 하여 수행을 한다. 화자가 부모님이나 선생님에 비해서 연장자일 경우는 언향적 의미인 명령적 의미로 수행하는 비율은 낮아지고 언어적 의미인 의문적 의미로 수행하는 비율은 높아진다.

화자가 부모님, 동기, 선생님일 경우에 청자는 언어적 의미보다는 그 상황에 맞는 언향적인 의미로 수행하는 비율이 높다. 그리고 수행에 있어서 화자와 청자의 사회적 관계를 가정적인 관계보다 더 많이 반영하고 있다. 따라서 화자가 연상일 경우에 발화 초점은 언어적 의미인 의문적 의미에 있으나, 청자의 수행 초점은 명령적 의미에 있다.

그리고 화자가 연하일 경우에는 후배이든, 동기간이든 언어적 의미로 많은 수행을 한다. 화자가 후배일 경우에는 발화 초점은 의문적 의미에 있고 청자의 수행 초점은 의문적 의미에 있다. 화자가 청자 자신보다 후배이거나 연하인 동기간일 경우에는 청자 자신의 잘못에 대해서는 관심을 많이 가지지 않으므로, 발화대로 수행을 하지 않아도 화자로부터 꾸중을 듣는다든지 하는 행위가 없을 것으로 판단을 하기 때문에 청자는 언어적 의미대로 수행하는 비율이 높다.

화자가 연하일 경우에 언어외적 요소를 청자가 수행하는데 반영하는 정도성이 낮으므로 언어적 의미대로 수행을 한다. 그러나 화자가 연상일 경우에 청자는 언어적 의미대로만 수행하지 않고, 언향적인 의미로도 수행을 한다. 화자가 부모님보다는 선생님일 경우에는 예의적인 요소를 더욱 반영하고, 동기간보다는 부모님에게 더 예의적인 요소를 반영하고 있음을 알 수 있다.

위에서 화자와 청자의 사회적 관계를 세분하여 발화에 대한 청자의 반응을 조사하였으나, 청자가 관계에 따라 반응하는 비율은 다소 다르나, 청자의 수행 초점은 화자의 발화 초점과 다르지 않았다. 그러므로 세부 관계에 따른 청자의 수행은 의미 없는 것으로 볼 수 있다. 따라서 이러한 언어외적 요소들을 반영하여 발화의 초점과 청자의 수행 초점이 일치하는지의 조사에서 제외한다.

3. 언어외적 요소와 청자수행

발화에 대해서 청자가 수행을 할 때 반영되는 요소 중에서 '화자와 청자의 사회적 관계'를 기본 요소로 하여, '화자와 청자의 친분성, 청자의 이익, 청자의 감정, 화자의 표정, 발화에 대한 청자의 수용력, 화자의 이익, 발성의 정도성' 등이 발화에 대해서 청자가 수행을 할 때 반영하는 요소이다. 다음은 '화자와 청자의 사회적 관계'를 기본 요소로 하여 다른 언어외적 요소들과 관련시켜 청자 수행에 영향을 끼치는 정도성은 어느 정도인지 분석한다.

발화에 대해서 청자가 수행을 할 때 모든 요소의 영향을 받으나, '발화의 상황성, 발화의 장소, 발화에 대한 청자의 경험, 화자의 성격, 발화의 방법, 화자의 몸짓, 화자의 외모'라는 언어외적 요소가 끼치는 영향력은 크지 않다. 따라서 이러한 언어외적 요소들은 발화의 초점과 청자의 수행 초점이 일치하는지의 조사에서 제외한다

1) 화자와의 친분성

화자와의 친분성에 의해서도 발화 초점과 수행 초점은 달라진다. 화자와의 친분성이라는 언어외적 요소만으로 청자의 수행에 영향을 끼치기보다, 화자와 청자의 사회적 관계가 기본적인 언어외적 요소로서 함께 영향을 끼친다. 청자는 화자와의 친분성에 따라서 발화를 화자의 관점에서 이해하고, 수행하려는 의지를 찾아볼 수 있다. 청자는 화자가 궁금하게 생각하는 문제에 대해서 적극적으로 노력을 하기도 하고, 언어적 의미인 청유적인 의미에 대해서 명령적 의미 이상으로 적극성을 가지고 수행을 하게 된다. 사람에게 있어서 연령이 많아지면 대체로 인간적인 관계를 중요하게 생각하는 언어생활에 있어서도 마찬가지이다. 따라서 친분성이 발화에 대한 수행에 있어서 화자와 청자 사이에 중요한 요소이다.

발화에 화자와의 친분성을 반영하여 청자가 수행을 할 때, 대체로 언어적 의미보다는 언향적 의미로 많은 수행을 한다. 화자가 연상이고 화자와 친분성이 좋을 때 화자의 발화 초점은 평서적 의미에 있으나, 청자의 수행 초점은 명령적 의미에 있다.

<표 3> 화자와의 친분성에 따른 청자 수행률

친분성	화자	반응수	조건: 어디를 가려고 하는 청자에게					청자 수행 초점
			발화: 이나야(이나씨) 기차가 빠르다(빠릅니다).(평서문)					
			이나야(이나씨) 기차가 빠르다(빠릅니다).(평서)	이나야(이나씨) 기차를 타고 갔으면 좋겠다(좋겠습니다)(청유)	이나야(이나씨) 기차를 타고 가거라(가시오).(명령)	이나야(이나씨) 기차를 타고 가는 것이 어떠니(어떠습니까)?(의문)	기타	
친함	연상	인원	16	314	465	124	24	명령
		백분율	1.7	33.3	49.3	13.1	2.2	
	친구	인원	5	562	74	295	7	청유
		백분율	0.5	59.6	7.8	31.3	0.7	
	연하	인원	102	487	23	320	11	청유
		백분율	10.8	51.6	2.4	33.9	1.2	
보통	연상	인원	132	147	518	123	23	명령
		백분율	14	15.6	54.9	13	2.4	
	친구	인원	233	425	67	175	43	청유
		백분율	24.7	45.1	7.1	18.6	4.6	
	연하	인원	284	349	21	254	35	청유
		백분율	30.1	37	2.2	26.9	3.7	
나쁨	연상	인원	125	245	482	74	17	명령
		백분율	13.3	26	51.1	7.8	1.8	
	친구	인원	511	305	57	65	5	평서
		백분율	54.2	32.3	6	6.9	0.5	
	연하	인원	505	327	36	47	28	평서
		백분율	53.6	34.7	3.8	5	3	

화지기 언상이고 친분성이 보통일 때 회지외 친분성이 좋을 때
보다, 청자는 언향적인 의미인 명령적 의미나 평서적 의미로 수행
을 한다. 화자와의 친분성이 보통일 때 청자는 청유적 의미보다
명령적 의미로 수행하는 비율이 높다. 화자가 연상이고 화자와 친
분성이 좋지 않을 때 청자의 수행 초점은 명령적 의미에 있다. 화
자가 연상이고 친분성이 좋을수록, 청자는 언어외적 요소를 언어

적 의미에 반영한 언향적 의미인 명령적 의미나, 청유적 의미로 수행하는 비율이 높다. 그리고 친분성이 낮아질수록 청자가 청유적 의미로 수행하는 비율이 높다.

화자가 친구나 연하이고 화자와 친분성이 좋을 때 청자는 언향적 의미인 청유적 의미로 많은 수행을 한다. 그 다음에는 의문적 의미로 수행을 하고 언어적 의미인 평서적 의미로는 수행하지 않는다. 화자가 친구이거나 연하일 경우에 언어적 의미보다 적극적인 수행을 하는 것은 친분성에 의해서 청자가 수행을 해야 한다는 생각을 하기 때문이다. 청자가 명령적 의미로 수행을 하지 못하는 것은 화자와 청자 사이에 친구 관계에서는 명령을 할 수 없다는 것이 기본적인 전제이기 때문이다.

화자가 친구이거나 연하이고 친분성이 보통일 경우에 청자가 언향적 의미인 청유적 의미로 많은 수행을 한다. 그리고 의문적 의미로 수행하는 비율이 낮아지고 평서적 의미로 수행하는 비율은 높아진다. 화자와 청자가 친구이거나 연하이고 친분성이 좋지 않을 때 발화의 초점은 평서적 의미에 있고, 청자의 수행 초점도 평서적 의미에 있다.

화자가 친구이거나 연하이고 친분성이 좋지 않거나 보통일 경우 청자는 언어적 의미대로 수행을 한다. 이것은 청자는 화자가 친하지 않은 친구나 연하일 경우 화자의 발화에 대해서 적극적인 생각을 가지지 않고 수행을 하므로, 적극성이 결여된 수행으로 나타난다.

2) 청자의 이익

인간은 대체로 타인의 이익보다는 자신의 이익을 먼저 생각하게 된다. 그러한 생각이 고등학생인 청자에게서도 나타나고 있다. 청자의 자신 이익과 수행은 매우 밀접한 관계를 가지고 있다. 특히 초등학생인 청자에게서 알 수 있었던 것처럼 연령이 적은 청자일수로 발화에 대해서 자신의 이익을 매우 중요하게 생각하고 있다. 청자 자신의 이익에 따라서 평서적 의미를 명령이나 청유적 의미로 수행하기도 한다.

청자가 고등학생일 경우에 자신의 이익에 따라 언어적 의미와 언향적 의미는 달라진다. 발화가 청자 자신에게 손해가 있거나 이익이 있다면 청자 자신에게 이익이 되는 방향으로 적극적인 수행을 한다. (책을 읽고 있는 청자에게), "이나(이나씨)야 이 게임이 재미있다(재미있습니다)."라는 발화에 대하여 청자 자신의 이익에 따라 언어적 의미와 언향적인 의미는 달라진다. 즉 청자에게 책을 읽는 재미와 게임하는 재미에 따라 발화초점과 수행의 차이가 있다.

<표 4> 청자의 이익에 따른 수행률

| 청자의 이익 | 화자 | 반응수 | 조건: 책을 읽고 있는 청자에게
발화: 이나(이나씨)야 게임이
재미있다(재미있습니다).(평서문) | | | | 기타 | 청자 수행 초점 |
			이나야 (이나씨) 게임이 재미있다 (재미 있습니다) (평서)	이나야 (이나씨) 우리 게임을 하자 (합시다). (청유)	이나야 (이나씨) 게임을 하여라 (하시오) .(명령)	이나 (이나씨) 는 책이 재미있느 냐(있습니 까)?(의문)		
있음	연상	인 원	132	255	518	34	4	명령
		백분율	14	27	54.9	3.6	0.4	
	친구	인 원	353	507	14	52	17	청유
		백분율	37.4	53.8	1.5	5.5	1.8	
	연하	인 원	429	425	4	62	23	평서
		백분율	45.5	45.1	0.4	6.6	2.4	

없음	연상	인 원	312	305	269	46	11	평서
		백분율	33.1	27.6	24.4	4.9	1.2	
	친구	인 원	694	127	49	67	6	평서
		백분율	73.6	13.5	5.2	7.1	0.6	
	연하	인 원	627	186	21	96	13	평서
		백분율	66.5	19.7	2.2	10.2	1.4	

화자가 연상이고 청자 자신에게 이익이 될 경우에는 언어적 의미가 평서적 의미라도 명령적 의미나 청유적 의미로 수행을 한다. 그러나 화자가 연상이라도 발화가 청자 자신에게 이익이 되지 않으면 청자 수행은 달라진다. 화자가 연상이라도 발화가 청자 자신에게 이익이 되지 않을 경우에 언어적 의미인 평서적 의미로 수행하는 비율은 높다.

이것은 청자인 고등학생이 자신의 이익을 위해서 연상인 화자의 발화에 대해서 적극적으로 수행을 한 결과로 볼 수 있다. 부모님이 게임이 재미있다고 하고, 또 게임을 하는 것이 재미가 있을 것 같으므로 청자는 적극적인 수행을 한다. 그러나 청자에게 이익이 되지 않으면 이익이 있을 때보다 적극적인 수행율이 줄어든다. 이것은 청자 자신에게 이익이 없지만 연상의 발화에 응하지 않을 경우에는, 화자와의 관계가 좋지 않을 것이라는 청자의 판단이 수행으로 나타나기 때문이다. 따라서 발화에 대한 청자의 이익의 여부에 따라 수행 초점이 달라짐을 알 수 있다.

화자가 친구이고 발화가 청자 자신에게 이익이 있다면 언어적 의미인 평서적 의미를 청자가 청유적인 의미로 수행을 한다. 이것은 청자 자신의 이익에 따라 화자의 발화를 자신에게 유리한 쪽으로 해석을 하기 때문이다. 즉 청자 자신이 게임을 하는 것이 재미가 있을 것 같으므로 수행에 다소 적극성을 가진다. 그러나 발화가 청자 자신에게 이익이 되지 않으면 청자 수행에 소극적이다. 이것은 게임을 하는 것이 재미가 없으므로 청자 자신에게 이익이 되지 않는 것으로 판단을 하여 따라서 청자가 적극적으로 수행하지 않기 때문이다.

화자가 연하이고 발화가 평서적 의미라도 청자 자신에게 이익이 되면 평서적 의미와 청유적 의미로 비슷한 수행을 한다. 화자가 연하이고 화자의 발화가 청자 자신에게 이익이 되지 않으면 소극적인 수행을 한다. 그러나 화자가 연하일지라도 발화가 청자 자신에게 이익이 되면 적극적으로 수행을 하는 것은 화자가 연하이나 청자 자신에게 이익이 되므로 화자의 발화를 관심에 두기 때문이다.

3) 청자의 감정

인간은 누구에게나 자신의 감정에 따라서 행위를 자주 하게 된다. 특히 자신의 감정이 좋을 때에는 자신보다 연하의 부탁에도 적극적으로 수행을 하기도 하나, 감정이 나쁘면 그렇지 못하다. 특히 연령이 낮은 청자일수록 수행에 있어서 자신의 감정에 의해서 지배되는 경향이 많다. 청자가 고등학생인 경우에는 자신의 감정을 드러내지 않는 경향이 있다. 청자의 감정이 좋으면 언어적 의미대로 수행을 하는 비율이 높고, 청자의 감정이 나쁠수록 언어적 의미보다는 언향적 의미로 수행하는 비율이 높다.

<표 5> 청자의 감정에 따른 수행률

청자의 감정	화자	반응 수	조건: 책을 읽고 있는 청자에게 발화: 이나야(이나씨) 그 책은 재미 있느냐(있습니까)?(의문문)					청자 수행 초점
			이나야(이나씨) 그 책은 재미있다(재미있습니다)(평서)	이나야(이나씨) 그 책을 빌려 주었으면 좋겠다(좋겠습니다)(청유)	이나야(이나씨) 그 책을 빌려 다오(주시오)(명령)	이나야(이나씨) 그 책은 재미있느냐(있습니까)?(의문)	기타	
좋음	연상	인 원	7	283	126	512	15	의문
		백분율	0.7	30	13.4	54.3	16	
	친구	인 원	2	465	43	427	6	의문
		백분율	0.2	49.3	4.6	45.3	0.6	
	연하	인 원	2	290	11	626	14	의문
		백분율	0.2	30.8	1.2	66.4	1.5	
보통	연상	인 원	21	197	164	553	8	의문
		백분율	2.2	21	17.4	58.6	0.8	
	친구	인 원	1	317	62	560	3	의문
		백분율	0.1	33.6	6.6	59.4	0.3	
	연하	인 원		241	22	675	5	의문
		백분율		25.6	2.3	71.6	0.5	
나쁨	연상	인 원	28	213	619	40	43	명령
		백분율	3	22.6	65.6	4.2	4.6	
	친구	인 원	124	325	10	470	14	의문
		백분율	13.1	34.5	1.1	49.8	1.5	
	연하	인 원	1	341	25	553	23	의문
		백분율	0.1	36.2	2.7	58.6	2.4	

　화자가 연상이고 청자의 감정이 좋을 때 청자는 언어적 의미로 수행을 한다. 청자의 감정이 보통일 때는 감정이 좋을 때보다 언향적 의미인 청유적 의미로 수행하는 비율은 낮아진다. 화자가 연

상이고 청자의 감정이 좋지 않을 때 언향적 의미인 의문적 의미로
수행하는 비율이 높다. 화자가 연상이고 청자의 감정이 좋을 때나
보통일 때는 언어적 의미인 의문적 의미로 많은 수행을 한다. 그
리고 청자의 감정이 나쁠 때 언향적 의미인 명령적 의미로 수행하
는 비율이 높아진다.

　청자는 연상인 화자가 내가 읽고 있는 책이 정말 궁금해서 묻는
것으로 이해를 하기 때문에 언어적 의미대로 이해를 한다. 청자
자신의 감정이 좋기 때문에 언어외적 요소를 반영하지 않고 발화
를 이해하기 때문이다. 그러나 청자가 감정이 좋지 못할 경우에
내가 보고 있는 책을 빌려 달라고 명령을 하는 것 같으므로 적극
적인 의미로 해석을 하여 수행을 한다. 이 때의 적극적인 수행은
청자의 의지에 의한 적극적인 수행과 다르다. 즉 청자의 의지에
의한 적극적인 수행이 아니다.

　화자가 친구이고 감정이 좋을 때 청자는 언어적외인 의미인 청
유적 의미로 수행하는 비율이 높다. 화자가 친구이고 청자의 감정
이 보통일 경우에는 감정이 좋을 때 보다 언어적 의미로 수행하는
비율이 높고, 언향적 의미인 청유적 의미로 수행하는 비율은 낮다.
화자가 친구이고 청자의 감정이 좋지 않을 때 언어적 의미로 수행
하는 비율은 낮아지고, 평서적 의미로 수행하는 비율은 높아진다.
화자가 친구일 경우에 청자는 대체로 언어적 의미로 수행하는 경
향이 높다. 화자가 친구이고 청자의 감정이 나쁠수록, 언어적 의미
로 수행하는 비율은 낮아진다.

　화자가 친구이고 자신의 감정이 좋을 경우에는 화자인 친구에게
책을 빌려주겠다는 적극적인 해석을 한다. 따라서 청자 수행도 적
극적이 된다. 그러나 화자가 친구일지라도 청자 자신의 감정이 좋

지 않으면 적극적으로 해석을 하지 않는다. 따라서 수행도 역시 적극적이지 못하므로 언어적 의미대로 해석을 하여 수행을 하는 비율이 높다.

화자가 연하이고 청자의 감정이 좋을 때는 언어적 의미인 의문적 의미로 수행하는 비율이 높다. 화자가 연하이고 청자의 감정이 보통일 경우에는 언어적 의미로 수행하는 비율이 높아지고, 언향적 의미인 청유적 의미로 수행하는 비율은 낮아진다. 화자가 연하이고 청자의 감정이 좋지 않을 경우에는 언어적 의미로 수행하는 비율은 점차 낮아진다. 청자의 이익에 의해서만 청자의 수행의 초점이 달라지기보다는 화자와 청자의 사회적 관계라는 기본적인 언어외적 요소가 함께 반영이 된다.

화자가 연하이고 청자 자신의 감정이 좋을 경우에는 발화에 대해서 꼭 수행을 해야하는 큰 부담감이 없으므로 의미 해석에 소극적이다. 그러나 청자 자신의 감정이 좋지 않으면 화자의 발화에 큰 관심을 가지지 않으므로 수행하는데 적극적이지 못하다. 따라서 언어적 의미대로 해석을 하여 수행을 하는 비율이 높다.

4) 화자의 표정

화자의 표정에 따라서도 청자가 수행하는 초점은 언어적 의미와 다르다. 화자와 청자의 사회적 관계라는 기본적인 언어외적 요소와 화자의 표정과 청자 수행에 함께 반영될 때 끼치는 영향의 정도성이 높다. 화자의 표정을 반영할 경우에는 청자는 언어적 의미대로만 수행을 하기보다는, 언향적인 의미로 더 많은 수행을 한다.

<표 6> 화자의 표정에 따른 청자 수행률

화자의 표정	화자	반응수	조건: 놀고 있는 청자에게					청자 수행 초점
			발화: 이나야(이나씨) 집으로 가자(가시지요).(청유문)					
			이나야 (이나씨) 너무 늦었다 (늦었습니다) (평서)	이나야 (이나씨) 집으로 갔으면 좋겠다 (좋겠습니다). (청유)	이나야 (이나씨) 집으로 가거라 (갑시다) (명령)	이나야 (이나씨) 지금 많이 놀았니 (놀았습니까)?(의문)	기타	
부드러움	연상	인 원	15	293	577	24	34	명령
		백분율	1.6	31.1	61.2	2.5	3.6	
	친구	인 원	8	794	78	36	27	청유
		백분율	0.8	84.2	8.3	3.8	2.9	
	연하	인 원	5	839	48	43	8	청유
		백분율	0.5	89	5.1	4.6	0.8	
보통	연상	인 원	7	241	664	18	13	명령
		백분율	0.7	25.6	70.4	1.9	1.4	
	친구	인 원	11	797	99	27	9	청유
		백분율	1.2	84.5	10.5	2.9	1	
	연하	인 원	6	837	45	34	21	청유
		백분율	0.6	88.6	4.8	3.6	2.2	
나쁨	연상	인 원	36	146	726	16	19	명령
		백분율	3.8	15.5	77	1.7	2	
	친구	인 원	13	742	140	21	18	청유
		백분율	1.4	78.7	15.8	2.2	1.9	
	연하	인 원	14	651	247	27	4	청유
		백분율	1.5	69	26.2	2.9	0.4	

화자가 연상이고 표정이 부드러울 경우 청자는 언향적 의미인 명령적 의미로 수행을 한다. 화자가 연상이고 표정이 보통일 경우에는 화자의 표정이 부드러울 때보다 청자가 명령적 의미로 적극적인 수행을 한다. 화자가 연상일 경우에 청자가 언어외적 요소(화자의 표정)에 더 많은 영향을 받는다. 화자가 연상이고 표정이 좋지 않을 경우에 청자는 화자의 표정이 부드러울 때보다 언향적

의미인 명령적 의미로 더 많은 수행을 한다.

화자의 발화가 비록 부탁을 하는 발화라도 고등학생인 청자는 화자가 '이제 집으로 가라고 하는구나' 하는 판단을 하여 적극적인 수행을 하게 된다. 그러나 화자의 표정이 부드러울 때에 청자가 적극적으로 수행하는 비율이 낮다. 화자의 표정이 좋지 못할수록 발화대로 수행하지 않으면 질책을 들을 것 같은 판단을 하므로, 청자가 적극적인 수행을 한다. 이 때의 적극적인 수행은 청자 자신의 의지에 의한 수행이 아니다. 청자는 적극적인 수행을 하고 싶지 않지만, 그렇게 하지 않으면 되지 않는 상황에서의 적극적인 수행으로 볼 수 있다.

화자가 친구이고 표정이 부드러울 경우에 청자가 언어적 의미인 청유적 의미로 수행하는 비율은 매우 높다. 화자가 친구일 경우에는 언어외적 요소를 반영하지 않아도 될 수 있는 관계이다. 따라서 언어외적 요소가 수행에 큰 영향을 미치지 못하므로 청자는 언어적 의미로 수행을 한다. 화자가 친구이고 표정이 보통일 때도 표정이 좋을 때와 같이 화자의 발화 초점과 청자의 수행 초점은 청유적 의미에 있다. 화자가 친구이고 표정이 좋지 않을수록 청자가 언어적 의미로 수행하는 비율은 낮아지고, 언향적 의미로 수행하는 비율은 점차 높아진다. 화자가 친구일 경우에는 화자의 발화 초점과 청자의 수행 초점은 청유적 의미에 있다. 화자의 표정이 좋을 때는 발화의 초점과 청자 수행의 초점에 큰 차이가 없다. 그러나 화자의 표정이 좋지 않으면 발화의 초점과 청자의 수행의 초점은 달라진다.

화자가 연하이고 화자의 표정이 부드러울 때 청자가 언어적 의미인 청유적 의미로 수행하는 비율은 매우 높다. 화자가 연하일 경우에는 연상인 청자에게 명령을 할 수 없는 것이 기본적인 전제이기 때문에 명령적 의미로 수행하는 비율이 낮다. 화자가 연하이고 표정이 보통일 경우에 청자가 언어적 의미인 청유적 의미로 수행하는 비율도 역시 높다. 그러나 화자의 표정이 좋지 않을 때 청자가 언어적 의미인 청유적 의미로 수행하는 비율은 다소 낮아진다. 화자가 연하이라도 표정이 좋지 않으면 청자가 언어적 의미보다는 언향적 의미로 수행을 한다. 화자가 연하이라도 표정이 나쁠수록 언향적 의미인 명령적 의미로 수행하는 비율이 높아진다. 이것은 비록 화자가 연하이라도 화자의 표정이 좋지 못하므로, 청자는 적극적으로 수행을 해야겠다고 부담을 가지기 때문이다.

화자가 친구이고, 연하일 경우에는 화자의 발화에 대해서 청자는 적극적으로 수행을 하지 않는다. 이것은 화자의 부탁을 적극적으로 수행하지 않아도 화자가 연상일 때보다 큰 부담이 되지 않는다. 따라서 청자는 언어적 의미대로 소극적인 수행을 하게 된다.

화자의 표정만으로 청자 반응에 반영하기보다는 항상 화자와 청자의 사회적 관계라는 기본적인 언어외적 요소가 함께 반영된다. 그리고 화자의 표정에 화자와의 친분성, 청자의 감정, 발성의 정도성이 더해지면 청자에게 끼치는 영향은 매우 크다.

5) 수용력

발화에 대해서 청자가 수행을 할 때 자신의 수용력에 따라서도 수행의 초점은 다르다. 화자와 청자의 사회적 관계라는 기본적인 언어외적 요소와 청자의 수용력과 함께 수행에 반영이 되므로 발화 초점과 수행 초점이 달라진다. 집으로 돌아가는 청자에게 화자가 "이나야(이나씨) 내일 일찍 왔으면 좋겠다(좋겠습니다)"라는 발화에 대해서 청자는 자신의 수용력에 따라서 언어적 의미인 청유적 의미로 수행을 하기도 하지만, 언어외적 요소를 반영한 언향적 의미인 명령적 의미나, 평서적 의미로 수행을 하기도 한다.

<표 7> 발화에 대한 청자의 수용력에 따른 수행률

청자의 수용력	화자	반응수	조건: 집으로 가려는 청자에게 발화: 이나야(이나씨) 일찍 왔으면 좋겠다(좋겠습니다).(청유문)					청자 수행 초점
			이나야(이나씨) 내일 바쁘다(바쁩니다)(평서)	이나냐(이나씨) 일찍 왔으면 좋겠다(좋겠습니다)(청유)	이나야(이나씨) 일 일찍 오너라(오시오)(명령)	이나야(이나씨) 일찍 올 수 있는냐(있습니까)?(의문)	기타	
있음	연상	인 원	79	278	516	27	43	명령
		백분율	8.4	29.5	54.7	2.9	4.6	
	친구	인 원	62	722	24	104	31	청유
		백분율	6.6	76.6	2.5	11	3.3	
	연하	인 원	128	776	19	4	16	청유
		백분율	13.6	82.3	2	0.4	1.7	
없음	연상	인 원	173	229	467	37	37	명령
		백분율	18.3	24.3	49.5	3.9	3.9	
	친구	인 원	77	723	94	28	21	청유
		백분율	8.2	76.7	10	3	2.2	
	연하	인 원	76	816	22	16	13	청유
		백분율	8.1	86.5	2.3	1.7	1.4	

화자가 연상이고 발화에 대한 수용력이 있을 때, 청자는 언어외적 요소를 언어적 의미에 반영한 언향적 의미인 명령적 의미로 이해와 수행을 한다. 그러나 화자가 연상이고 청자가 수용력이 없다면 언향적 의미인 명령적 의미로 수행하는 비율은 낮아지지만, 언

향적 의미인 평서적 의미로 수행하는 비율은 높아진다.

화자가 연상일 경우에 청자는 수용력에 상관없이 적극적인 수행을 한다. 이것은 청자 자신이 내일 일찍 등교를 할 수 있고, 또 화자의 발화에 적극적으로 수행하므로써 화자에게 자신의 존재를 인식시킬 필요가 있으므로 적극적인 수행을 한다.

화자가 친구이고 청자가 발화에 대한 수용력이 있을 때 언어적 의미대로 수행을 한다. 화자가 친구이고 청자가 발화에 대한 수용력이 없을 때에도 수용력이 있을 때와 비슷한 비율로 수행을 한다. 화자가 친구일 경우에는 청자의 수행 초점은 청자 자신의 수용력에 관계없이 청유적 의미에 있다. 화자가 친구일 경우에는 청자의 수용력에 상관없이 언어외적 요소를 반영한 언향적 의미보다는 언어적 의미로 이해를 하고 수행을 한다.

화자가 연하이고 청자가 수용력이 있을 때 언어적 의미대로 수행을 한다. 화자가 연하이고 청자가 수용력이 없을 때는 언어적 의미로 수행하는 비율은 증가한다.

화자가 연하이거나 친구일 경우에는 화자가 연상에 비해서 청자의 수행은 다소 소극적이다. 물론 청자 자신이 발화의 수용 능력에 의해서 일찍 나올 수도 있고 그렇지 않을 수도 있다. 즉 화자의 발화가 청자에게는 부담이 되지 않으므로 소극적인 수행이 된다. 조금 늦게 나와도 화자가 질책을 한다거나, 꾸중을 하거나 하는 부담이 청자에게 없기 때문이다.

6) 화자의 이익

화자의 이익에 따라서도 청자 수행의 초점은 발화 초점과 달라진다. 화자와 청자의 사회적 관계라는 기본적인 언어외적 요소와 화자의 이익이 청자 수행에 항상 함께 반영이 된다. 화자의 이익에 따른 청자 수행에는 청자 자신보다 화자가 연상일 경우에는 적극적으로 수행을 한다. 그러나 청자 자신과의 관계가 동료일 경우에는 대체로 소극적인 수행을 한다. 이것은 화자의 이익에만 관련하여 수행을 하기보다는 화자와의 사회적인 관계가 복합적으로 작용을 하기 때문이다. 청자가 고등학생일 경우에 화자의 이익에 따라서도 언어적 의미와 언향적 의미는 달라진다. (식사시간이 되어)"이나(이나씨)야 배가 고프다(고픕니다)."라는 발화에 대해서 화자가 연상이고, 식사를 하는 것이 화자에게 이익이 된다고 생각이 될 때와, 이익이 되지 않는다고 생각이 될 때의 청자 수행은 다르다.

〈표 8〉 화자의 이익에 따른 청자 수행률

화자의 이익	화자	반응 수	조건: 식사 시간이 되어서 청자에게					
			발화: 이나야(이나씨) 나는 배가 고프다(고픕니다).(평서문)					
			이나(이나씨)야 나는 배가 고프다(고픕니다)(평서)	이나야(이나씨)밥을 먹자(먹읍시다)(청유)	이나야(이나씨) 밥을 먹어라(먹으시오).(명령)	이나야(이나씨) 시장하니(시장합니까)?(의문)	기타	청자 수행 초점
있음	연상	인 원	48	245	540	96	14	명령
		백분율	5.1	26	57.3	10.2	1.5	
	친구	인 원	105	644	47	126	21	청유
		백분율	11.2	68.3	5	13.3	2.2	
	연하	인 원	172	487	37	237	10	청유
		백분율	18.2	51.6	3.9	25.1	1	

없 음	연상	인 원	186	357	211	168	21	청유
		백분율	19.7	37.9	22.4	17.8	2.2	
	친구	인 원	409	411	50	19	54	평서
		백분율	43.4	43.6	5.3	2	5.7	
	연하	인 원	526	360	11	25	21	평서
		백분율	55.8	38.2	1.2	2.7	2.2	

화자가 연상이고 화자에게 이익이 있다면 언어적 의미가 평서적 의미라도, 청자는 언향적 의미인 청유적 의미나 명령적 의미로 수행을 한다. 그러나 화자가 연상이라도 발화가 화자에게 이익이 되지 않는다면 청자 수행은 다르다. 이 때는 청자가 청유적 의미로 수행하는 비율은 다른 의미로 수행하는 비율보다 다소 높다. 발화에 화자의 이익이 반영이 될 때에도 청자의 수행 초점은 발화 초점과 달라진다. 화자가 연상이고 화자에게 이익이 되면 평서적 의미라도 청자는 명령적 의미로 많은 수행을 한다. 그리고 화자에게 이익이 되지 않으면 청유적 의미로 수행을 한다.

화자가 연상이므로 청자는 화자의 부탁을 적극적으로 수행하는 것이 화자에게 도움이 되고(청자는 화자가 식사를 하고 싶어하므로 같이 식사를 하는 것이 화자에게 배고픔을 해소시켜주는 것으로 보기 때문에 화자의 이익으로 본다.). 화자에게 도움이 되는 것이 바로 청자 자신에게 이익이 되는 것과 관계되기 때문이다. 즉 화자의 마음이 흡족하므로써 청자 자신이 편안한 마음을 가질 수 있기 때문이다. 그러나 화자에게 이익이 없을 경우에는 청자가 소극적으로 수행을 한다. 이것은 화자의 발화에 대해서 청자가 수행하지 않아도 화자는 큰 관심을 가지지 않을 것이라고 판단하기 때문이다.

화자가 친구일 경우에도 청자는 화자의 이익과 매우 밀접한 관련을 가지고 수행을 한다. 화자가 친구이고 발화가 화자에게 이익이 된다면, 화자의 발화가 언어적 의미인 평서적 의미에 대해서 청자는 청유적인 의미로 많은 수행을 한다. 발화가 화자에게 이익이 되지 않은 경우에 청자는 언어외적 요소를 수행에 반영하지 않고 있다. 화자가 친구이고 발화가 화자에게 이익이 된다면, 발화가 평서적 의미라도 청자는 청유적 의미로 수행을 한다. 그리고 화자에게 이익이 되지 않는다면, 청자는 청유적 의미보다는 언어적 의미인 평서적 의미로 수행을 한다.

화자가 친구일 경우에도 화자의 이익을 중요하게 생각하고 수행을 한다. 화자의 이익을 위해서 청자가 적극적으로 수행을 하므로써 친구와의 관계가 좋게 지속될 것이라는 기대 때문으로 보여진다. 그러나 발화가 화자에게 이익이 되지 않는다면 적극적으로 수행하지 않는다. 이것은 청자 자신이 소극적인 수행을 하더라도 친구 관계가 나빠지지 않을 것으로 믿기 때문이다.

화자가 연하이고 발화가 평서적 의미라도 화자에게 이익이 되면, 청유적 의미로 많은 수행을 한다. 화자가 연하일지라도 화자에게 이익이 되면 청자는 화자에게 유리한 방향으로 수행을 한다. 화자가 연하이고 발화가 화자에게 이익이 되지 않는다면 청자가 평서적 의미로 수행하는 비율은 높고, 청유적 의미나 의문적 의미로 수행하는 비율은 낮아진다.

화자가 연하일 경우에도 화자의 이익을 중요하게 생각하고 수행을 한다. 화자의 이익을 위해서 청자는 적극적으로 수행을 하므로써 화자와의 좋은 관계를 지속되거나, 화자에게 무엇인가 도움을 주기 위한 것으로 보여진다. 그러나 화자에게 이익이 되지 않을 때 적극적으로 수행하지 않는 것은, 화자가 연하와의 관계에 있어서 청자 자신에게 크게 영향을 끼치지 않을 것으로 보기 때문이다.

청자는 자신의 이익에 따라서도 수행을 하지만 화자의 이익에 따라서도 수행을 한다. 이것은 청자가 언어 생활뿐만 아니라, 생활에서도 화자·청자의 상호작용에 의해서 이루어진다는 사실을 알기 때문이다.

7) 발성의 정도성

발성의 정도성에 따른 청자 수행의 초점은 발화의 초점과 다르다. 그러나 발성의 정도성으로만 청자가 수행하는데 크게 영향을 끼치지 못한다. 화자와 청자의 사회적 관계라는 기본적인 언어외적 요소와 발성의 정도성과 함께 청자 수행에 반영이 되어, 발화 초점과 수행의 초점이 달라진다.

발성의 정도성에 화자와 청자의 사회적 관계, 청자의 감정, 화자의 표정, 화자와의 친분성이 더해지면 언어적 의미와 언향적 의미가 달라진다. 화자가 연상이고 발성의 정도성이 높고, 청자의 감정이 좋다면 언어적 의미인 질문(아기가 왜 울지?)을 청자가 언향적 의미인 청유(아기를 달랬으면 좋겠다)적 의미로 수행을 한다. 화자가 연상이고 발성의 정도성이 높고 청자의 감정이 좋지 않다면, 청자가 청유적 의미보다 명령적 의미(아기를 달래어라)로 수행을 할 수 있다.

화자가 연상이고 청자의 연령이 적을수록 발성의 정도성이 높으면 명령적 의미로 쉽게 수행을 한다. 그리고 화자가 연상이라도 화자의 발성 정도성이 낮으면 청자는 명령적 의미로 쉽게 수행을 하지 않는다. 그러나 고등학생은 수행에 있어서 발성이라는 요소의 영향을 초·중학생에 비해서 비교적 덜 받는다.

<표 9> 발성의 정도성에 따른 청자 수행률

| 발성의 정도성 | 화자 | 반응수 | 조건: 시끄러운 곳에서 청자에게
발화: 이나야(이나씨)이 이곳은 시끄럽구나(습니다).(평서문) | | | | | 청자 수행 초점 |
			이나야(이나씨) 이곳은 시끄럽구나(습니다)(평서)	이나야(이나씨) 조용히 했으면 좋겠다(좋겠습니다)(청유)	이나야(이나씨) 조용히 하여라(하시오).(명령)	이나야(이나씨) 왜 시끄럽지(시끄럽습니까)?(의문)	기타	
높음	연상	인 원	115	42	642	137	7	명령
		백분율	12.2	4.5	68	14.5	0.7	
	친구	인 원	427	412	85	11	8	평서
		백분율	45.3	43.7	9	1.2	0.8	
	연하	인 원	374	392	43	132	2	청유
		백분율	39.7	41.6	4.6	14	0.2	
보통	연상	인 원	176	185	413	156	13	명령
		백분율	18.7	19.6	44	16.5	1.4	
	친구	인 원	441	237	87	64	114	평서
		백분율	46.8	25.1	9.2	6.8	12.1	
	연하	인 원	594	298	31	12	8	평서
		백분율	63	31.6	3.3	1.3	0.8	
낮음	연상	인 원	233	211	355	121	23	명령
		백분율	24.7	22.4	37.6	12.8	0.2	
	친구	인 원	616	190	21	99	17	평서
		백분율	65.3	20.1	2.2	10.5	1.8	
	연하	인 원	742	172	7	14	8	평서
		백분율	78.7	18.2	0.7	1.5	0.8	

화자가 연상이고 발성의 정도성이 높을 때도 청자가 언어적 의미보다는 언향적인 의미로 더 많은 수행을 한다. 화자가 연상이고 발성의 정도성이 보통일 경우에 발성의 정도성이 높을 때 보다 평

서적 의미와 청유적 의미로 수행하는 비율은 높다. 화자가 연상이고 발성의 정도성이 낮을 때 청자는 평서적 의미와 청유적 의미로 수행하는 비율은 높아진다. 그리고 청자가 언향적 의미인 명령적 의미로 수행하는 비율은 낮아진다.

연상인 화자의 발성의 정도성이 높을 경우에 청자는 적극적인 수행을 하게 된다. 화자가 연상일 경우에는 어떠한 발화이든 청자는 적극적으로 수행을 하는 비율이 높다. 또 발성의 정도성이 높으므로 청자는 자신의 의지가 아니더라도 적극적으로 수행을 할 수밖에 없다. 화자의 발화에 대해서 적극적으로 수행을 하지 않으면 화자가 자신에 대해서 좋은 평가를 하지 않거나, 자신을 질책을 할 것이라는 생각을 하기 때문이다. 발성의 정도성이 낮을수록 청자는 소극적인 수행을 한다. 이것은 화자의 발화에 대해서 적극적으로 수행을 하지 않아도, 청자는 화자의 관계에서 크게 영향을 미치지 않을 것이라고 보기 때문이다.

화자가 친구이고 발성의 정도성이 높을 때 청자가 언어적 의미인 평서적 의미로 수행하는 비율이나, 언향적 의미인 청유적 의미로 수행하는 비율은 비슷하다. 화자가 친구이고 발성의 정도성이 보통일 경우에 화자의 발화 초점과 청자의 수행 초점은 언어적 의미인 평서적 의미에 있다. 화자가 친구이고 발성의 정도성이 낮아질수록 청자가 언어적 의미로 수행하는 비율이 높아진다. 발성의 정도성이 높을 때 화자의 발화 초점과 청자의 수행 초점은 평서적 의미에 있다.

화자가 연하이고 발성의 정도성이 높을 때 화자의 발화 초점은 평서적 의미에 있으나, 청자의 수행 초점은 청유적 의미에 있다. 화자가 연하이고 발성의 정도성이 보통일 경우에는 화자의 발화 초점과 같이 청자의 수행 초점도 평서적 의미에 있다. 화자가 연하이고 발성의 정도성이 낮을 때, 화자의 발화 초점과 청자의 수행 초점은 평서적 의미에 있다. 화자가 연하이고 발성의 정도성이 낮을수록 청자가 언어적 의미인 평서적 의미로 수행하는 비율은 높다.

발성의 정도성이 높다 해도 화자가 친구나 연하일 경우에는 청자 수행에 있어서 화자가 연살일 때에 비해서 적극적이지 못하다. 청자는 화자가 연하이므로 발화를 명령적 의미로 이해하기 어렵다. 따라서 발화를 청유적 의미로 이해하므로 수행에 소극적이 될 수밖에 없다. 그러나 화자가 연상이 아닐 경우에도 발성의 정도성이 높다면 청자는 적극적인 수행을 할 수 있다. 비록 화자가 연상이 아니라도, 발성의 정도성이 높으므로 조용히 하지 않으면 화자에게 미안한 생각이 있을 수도 있으므로 수행이 적극적이 된다.

4. 요 약

이 장은 고등학교 학생인 청자를 대상으로 언어외적 요소의 영향을 받을 때, 화자의 발화 초점과 청자의 수행 초점이 일치하는지를 밝혔다. 앞에서 논의된 사항을 요약하면 다음과 같다.

(1) 고등학생인 청자가 수행에 반영하는 언어외적 요소는 같은 정도성으로 반영되는 것은 아니다. 발화에 대해서 청자가 수행을 할 때 영향을 끼치는 언어외적 요소들을 정도성이 높은 것부터 나열하면 '화자와 청자의 사회적 관계, 화자와 청자의 친분성, 청자의 이익, 청자의 감정, 화자의 표정, 발화에 대한 청자의 수용력,

화자의 이익, 발성의 정도성' 등이다. 이 요소 중에서 청자가 수행
을 할 때 가장 기본이 되는 언어외적 요소는 '화자와 청자의 사회
적 관계'이다. 고등학생인 청자가 발화에 대한 수행과의 관계는 다
음과 같다.

[발화와 청자(고등학생) 수행과의 관계]

<table>
<tr><td colspan="2">화자의 발화
(발화 행위)</td></tr>
<tr><td>청자 의미 해석
↓
언어적 의미
(linguistic meaning)</td><td>청자 수행
↓
언어적 수행
(linguistic performative)</td></tr>
<tr><td>↓　←</td><td>언어외적 요소 (화자와 청자와의 사회적 관계, 화자와 청자의 친분성, 청자의 이익, 청자의 감정, 화자의 표정, 발화에 대한 청자의 수용력, 화자의 이익, 발성의 정도성)</td></tr>
<tr><td>언향적 의미
(perlocutionary meaning)</td><td>언향적 수행
(perlocutionary performative)</td></tr>
</table>

　(2) 고등학생인 청자의 수행에 반영하는 기본적인 언어외적 요
소인 '화자와 청자의 사회적 관계'만으로 언어적 의미에 반영되어
화자의 발화 초점과 청자의 수행 초점이 달라질 수 있다. 그러나
다른 언어외적 요소로만 청자의 수행 초점에 영향을 끼치기 어렵
고 항상 기본적인 언어외적 요소와 함께 반영되어 영향을 끼친다.

(3) 고등학생은 언어 활동에 있어서 대체로 언어적 의미로 수행을 한다. 그러나 언어외적 요소를 언어적 의미에 반영한 언향적인 의미까지 파악하려는 능력도 있고 발화에 따라서 적극적으로 수행하려는 경향도 있다. 이 때의 적극적인 수행은 자신의 의지와 관련이 적은 적극적인 수행으로 볼 수 있다.

(4) 청자의 연령이 많으면 발화에 대해서 수행을 할 때 반영하는 언어외적 요소는 많아지고, 청자의 연령이 낮을수록 수행에 반영하는 언어외적 요소는 적다. 청자의 연령이 많을 경우에는 언어적 경험이 많으므로 수행에 반영하는 언어외적 요소의 정도성도 높다. 따라서 청자는 언향적 수행을 많이 한다. 그러나 청자의 연령이 낮으면 언어적 경험이 적으므로 반영하는 언어외적 요소의 정도성도 적다. 따라서 언향적 의미보다는 언어적 의미로 이해와 수행을 한다.

(5) 고등학생인 청자는 초·중학생에 비해서 언어 생활의 폭은 넓으므로 언어 생활에서 청자 자신의 이익뿐만 아니라, 화자의 이익도 중요하게 생각하고 있다. 따라서 화자의 이익을 수행에 반영하는 정도성이 높다.

(6) 청자는 초·중학생과 같이 발성의 정도성을 자신이 수행하는데 반영하고 있으나 초·중학생에 비하여 비교적 그 정도성은 낮다.

VI. 대학생의 언어수행과 언어외적 요인

이 장은 대학생을 대상으로 언어외적 요소의 정도성에 따른 화자의 발화 초점과 청자의 수행 초점이 일치하는지의 조사이다. 다음은 발화에 대해서 언어외적의 기본 요소인 화자와 청자의 사회적 관계를 반영하여 청자의 수행을 조사한 것이다.

① 이 조사에서의 연상에는 부모님, 선생님, 동기간, 연하에는 후배, 동기 등이 포함된 화자이다.

② 화자가 연상일 경우에 예사말로, 청자가 연상일 경우에 높임말로 발화하는 것을 원칙으로 한다.

③ 발화된 표현은 반어적인 의미나, 관용적인 표현은 아니다.

④ 청자의 의미 이해 초점과 수행 초점은 같은 것으로 본다(발화에 대한 청자의 이해 초점과 수행 초점은 다를 수 있다. 그러나 이 연구에서는 청자의 이해 초점과 수행 초점이 같은 것으로 보고 응답하도록 하였다).

⑤ 반응문에 표현된 평서(평서적 의미), 요청(요청적 의미), 명령(명령적 의미), 의문(의문적 의미)은 청자가 생각한 대로 표현되지 않아도, 그러한 의미가 포함되었다고 판단되면 그 발화에 반응하도록 하였다.

1. 기본적 언어외적 요소와 청자 수행

　발화에 대해서 청자가 수행을 할 때 제일 먼저 고려하는 요소는 화자와 사회적 관계이다. 가야할 곳을 가지 않는 청자에게 화자가 "이나(이나씨)는 왜 안갔느냐(안갔습니까)?"의 발화에 대해서 청자는 언어적 의미인 의문적 의미로 수행을 한다. 그리고 언어외적 요소를 언어적 의미에 반영한 청유, 명령, 평서적 의미 등으로 수행하기도 한다.

　청자가 대학생일 경우에 대체로 언어적 의미보다는, 언어외적 요소를 언어적 의미에 반영하는 언향적인 의미로 더 많은 수행을 한다. 이것은 언어활동에 있어서 청자가 언어적 의미 이해와 함께, 언어외적 요소를 언어적 의미에 반영하여 언향적인 의미까지 파악하려는 능력이 높기 때문이다. 청자는 연령이 많아질수록 언어적 의미보다는 언향적인 의미로 수행을 한다.

〈표 1〉 기본적인 언어외적 요소에 따른 청자의 수행률

화 자	반 응 수	조건: 가야할 곳을 가지 않는 청자에게				
		발화: 이나(이나씨)는 왜 안갔느냐(안갔느냐)?(의문문)				
		이나 (이나씨)는 안갔구나 (안갔군요). (평서)	이나야 (이나씨) 우리 가자(갑시다). (청유)	이나 (이나씨)는 빨리 가거라 (가시오). (명령)	이나 (이나씨)는 왜 안갔느냐 (안갔습니까)? (의문)	청자 수행 초점
연상	인 원	50	126	788	84	명령
	백분율	4.8	12	75.2	8	
친구	인 원	220	464	17	347	청유
	백분율	21	44.3	1.6	33.7	
연하	인 원	8	705	7	328	청유
	백분율	0.8	67.3	0.7	31.3	

　화자가 연상, 연하 또는 친구이냐에 따라 청자는 언어적 의미가 의문적 의미라도 의문적 의미대로 수행을 하지 않는다. 화자와 사회적 관계가 연상일 경우에 청자가 언어적 의미인 의문적 의미로 수행하는 비율은 매우 낮다. 그러나 언향적 의미인 명령적 의미로 수행하는 비율은 높다. 언향적 의미인 평서적 의미와 언어적 의미인 의문적 의미로 청자가 수행하는 비율은 비슷하다. 화자가 연장자일 때 의문적 의미에 대해서 명령적 의미로 수행하는 비율이 높은 것은, 청자가 발화에 대해서 언어외적 상황을 반영하여 청자가 수행을 하기 때문이다. 청자가 자신의 잘못을 알고 있기 때문에 적극적으로 수행하지 않으면, 화자로부터 질책을 받을 수 있으므로 적극적인 수행으로 볼 수 있다.

　화자가 친구일 때 청자는 언어적 의미인 의문적 의미로 많은 수행을 한다. 그러나 화자와 친구일 때 청자가 언어적 의미인 의문적 의미로 수행하는 비율보다, 언향적 의미인 청유적 의미로 수행하는 비율보다 낮다. 이와 같이 화자가 친구일 때 청자가 언어적 의미인 청유적 의미로 많은 수행을 하는 것은, 화자와 청자사이에는 명령을 할 수 없다는 것이 기본 전제이기 때문이다. 또 자신의 잘못을 친구가 질책을 하는 듯한 생각에서의 적극적인 수행으로 볼 수 있다.

　화자가 연하일 경우에도 청자는 언어적 의미인 의문적 의미로 많은 수행을 한다. 청자가 언어적 의미인 의문적 의미로 많이 수행을 하는 것은, 화자가 연상인 청자에게는 명령보다는 질문을 할 수밖에 없다는 것이 전제가 되기 때문이다. 이것은 청자가 대학생의 경우에 언어적 의미에 언어외적 요소를 반영한 수행으로 볼 수 있다. 화자에게 자신의 잘못이 드러나는 것에 대한 민망함 때문에 적극적인 수행으로 볼 수 있다.

청자의 연령이 높아질수록 언어적 의미보다는 언향적인 의미로 이해를 하여 수행을 한다. 대학생은 언어 활동에 있어서 언어적 의미만을 파악하기보다는, 언어외적 요소를 반영한 언향적인 의미까지 파악하여 수행하기 때문이다. 청자와 화자와 사회적 관계를 제외한 다른 언어외적 요소만으로는 발화의 초점과 청자의 수행에 크게 영향을 끼치지 못한다. 그러나 화자와 청자와의 사회적 관계가 청자가 수행을 할 때 영향을 끼치는 기본적인 언어외적 요소로, 다른 언어외적 요소와 항상 함께 반영이 된다.

2. 화자와 청자의 관계에 따른 수행

다음은 발화에 대해서 청자가 수행을 할 때 영향을 끼치는 기본적인 언어외적 요소인 화자와 청자와의 관계를 세분하여 청자의 수행을 분석한 것이다. 화자가 선생님, 부모님, 동생, 후배일 수도 있다. 그러한 관계에서 청자의 수행 초점은 어디에 있는지 조사하여 분석한 것이다. 화자의 관계가 연상이면 청자는 언어적 의미대로 수행하지 않는다. 화자가 부모님, 선생님, 형, 또는 선배일 때 청자는 언어적 의미대로 수행하지 않는다. 화자의 발화에 대해서 청자가 수행을 할 때, 화자와 사회적 관계에 따라서 언어적 의미와 청자의 수행 초점은 다르다. (가야할 곳을 가지 않았을 때), 이나(이나씨)는 왜 안갔느냐(안갔습니까)?의 발화는 화자의 관계에 따라서 청자는 언어적 의미인 의문적 의미로 수행을 하기도 하고, 또 청자가 언향적 의미인 청유, 명령, 평서적 의미 등으로 수행하기도 한다.

<표 2> 화자와 청자의 세부 관계에 따른 청자의 수행률

화자	관계	반응수	조건: 가야할 곳을 가지 않는 청자에게				
			발화: 이나(이나씨)는 왜 안갔느냐(가지 않습니까)? (의문문)				
			이나(아니씨)는 안가고 있구나 (안가고 있군요). (평서)	이나(이나씨)는 갔으면 좋겠다 (좋겠습니다). (청유)	이나(이나씨)는 빨리 가거라 (가시오). (명령)	이나(이나씨)는 왜 안갔느냐 (안갔습까)? (의문)	청자 수행 초점
연상	부모	인원	34	254	724	36	명령
		백분율	3.2	24.2	69.1	3.4	
	동기	인원	49	220	695	84	명령
		백분율	4.7	21	66.3	8	
	선배	인원	78	214	489	267	명령
		백분율	7.4	20.4	46.7	25.5	
	상사	인원	15	33	937	63	명령
		백분율	1.4	3.1	89.4	6	
	연장자	인원	24	231	446	347	명령
		백분율	2.3	22	42.6	33.1	
연하	후배	인원	18	644	12	374	청유
		백분율	1.7	61.5	1.1	35.7	
	동기	인원	17	697	8	326	청유
		백분율	1.6	66.5	0.8	31.1	

화자가 부모이면 언어적 의미인 의문적 의미로 수행하는 청자수는 매우 적고, 그러나 언향적 의미인 명령적 의미로 수행하는 청자 수는 매우 많다. 화자가 동기(형, 언니, 누나, 오빠)일 경우에 청자가 언어적 의미보다 언향적 의미인 명령적 의미로 수행하는 비율이 높다.

화자가 선배일 경우에 청자가 언어적 의미인 의문적 의미나, 언향적 의미인 청유적 의미로 수행하는 비율은 화자가 동기관계에 비해서 높으나, 명령적 의미로 수행하는 비율은 낮아진다. 그리고 언어적 의미인 의문적 의미로 수행하는 비율은 증가된다. 화자가 선생님이면 청자가 언어적 의미인 질문보다는 언향적인 의미인 명령적 의미로 수행하는 비율이 높아진다. 화자가 부모님, 동기, 선배보다 선생님이라는 관계가 청자에게는 발화에 순응할 수밖에 없으므로 적극적인 수행이 된다.

화자가 청자 자신보다는 연장자일 경우(아저씨, 아주머니...)에도 화자의 발화 초점과 청자 수행 초점은 다르다. 화자가 선생님이나 부모에 비해서 연장자일 경우에, 언어적 의미인 의문적 의미로 수행하는 비율은 높게 나타난다. 그리고 언향적 의미인 명령적 의미로 수행하는 비율은 낮아진다.

화자가 부모님, 동기, 선생님일 경우에 청자가 언어적 의미보다는 그 상황에 맞게 수행하는 비율이 높아진다. 청자가 대학생일 경우에는 화자와 사회적 관계가 가정적인 관계보다 우위에 있으므로 언어적 의미보다는 언향적인 의미로 더 많이 수행을 한다. 기본적으로 화자가 연장자일 경우에는 화자의 발화 초점은 의문적 의미에 있으나, 청자의 수행 초점은 명령적 의미에 있다. 일반 연장자(아저씨, 아주머니…)일 경우에 적극적인 수행을 하는 비율이 낮다. 이것은 청자 자신과 사회적인 관계를 가진 연장자(선생님, 선배…)나, 가정적인 관계를 가진 연장자(부모님, 동기간…)에 비해서 적극적인 수행을 하지 않아도 마음의 부담감을 가지지 않기 때문이다.

화자가 연하일 경우에도 청자가 수행하는 초점은 후배이든, 동기간이든 언향적인 의미로 많은 비율로 나타난다. 화자가 후배일 경우에는 화자의 발화 초점은 의문적 의미에 있어도 청자의 수행 초점은 청유적 의미에 있다.

화자가 연하일 경우에 청자는 수행에 있어서, 언어외적 요소를 반영하지 않고 언어적 의미로 수행하는 비율이 높아진다. 그러나 화자가 연상일 경우에 청자는 언어적 의미대로만 수행하지 않는다. 이것은 화자가 연하이라도 청자 자신의 잘못을 연하에게 드러내기 싫기 때문에 언어적 의미보다 적극적으로 수행을 한다. 화자가 연상이고 언어적 의미에 예의적인 요소가 반영될 조건일 경우, 즉 화자가 부모님보다는 선생님일 경우에 청자는 예의적인 요소를 더 반영한다. 그리고 청자는 화자가 동기간보다는 부모님에게 더 예의적인 요소를 반영하고 있다.

청자가 대학생일 경우에 언어적 의미보다는 언향적인 의미로 더 많은 수행을 한다. 이것은 언어활동에 있어서 청자가 언어적 의미만을 파악하기보다는, 언어외적 요소를 언어적 의미에 반영한 언향적인 의미까지 파악하려는 능력이 있기 때문이다. 화자가 연상일수록 청자가 언어적 의미보다 언향적 의미로 이해하여 수행을 한다. 청자가 수행에 반영하는 언어외적 요소 중에서 기본적인 요소는 화자와 청자의 사회적 관계이다. 이 요소를 기본으로 하여 다른 요소들과 함께 청자 수행에 반영을 한다. 청자의 연령이 적을수록 언어적 의미로 수행을 하는 비율이 높고, 청자의 연령이 많을수록 언향적 의미로 수행하는 비율이 높다. 이것은 기본적으로 청자의 연령이 작을수록 언어 활동의 폭이 좁으나, 연령이 많을수록 언어 활동의 폭이 넓기 때문에 언어적 의미뿐만 아니라, 언어외적 의미까지 파악할 수 있는 능력이 높다.

위에서 화자와 청자의 사회적 관계를 세분하여 발화에 대한 청자의 반응을 조사하였으나, 청자가 관계에 따라 반응하는 비율은 다소 다르나, 청자의 수행 초점은 발화 초점과 다르지 않았다. 그러므로 세부 관계에 따른 청자의 수행은 의미 없는 것으로 볼 수 있다. 따라서 이러한 언어외적 요소들은 발화의 초점과 청자의 수행 초점이 일치하는지의 조사에서 제외한다.

3. 언어외적 요소와 청자 수행

발화에 대해서 청자가 수행을 할 때, 화자와 청자의 사회적 관계, 화자와 청자의 친분성, 청자의 이익, 화자의 이익, 화자의 표정, 청자의 감정, 발화에 대한 청자의 수용력, 발화의 상황성, 발화의 장소, 발화에 대한 청자의 경험 등이 청자 수행에 영향을 미치는 언어외적 요소이다. 화자와 청자의 사회적 관계가 기본 요소로써 다른 언어외적 요소들이 함께 언어적 의미에 반영되어, 청자 수행에 영향을 끼치는 정도성은 어느 정도인지 분석한다. 그리고 화자의 성격, 발화의 방법, 발성의 정도성, 화자의 몸짓, 화자의 외모 등은 청자가 수행하는데 크게 영향을 끼치지 않는다. 청자 수행에 언어외적 요소를 반영하는 비율이 적다는 것은, 화자의 발화 초점과 청자의 수행 초점이 크게 다르지 않다는 것이다. 따라서 청자의 수행 초점에 영향력을 끼치지 못하는 언어외적 요소를 대상으로 발화의 초점과 수행 초점의 일치점을 조사하는 것은 의미 있는 것이 아니다. 따라서 이러한 언어외적 요소들은 발화의 초점과 청자의 수행 초점이 일치하는지의 조사에서 제외한다.

1) 화자와의 친분성

화자와의 친분성에 따라서도 청자의 수행 초점과 발화의 초점은 달라진다. 화자와 청자의 사회적 관계라는 기본적 언어외적 요소

와 화자와의 친분성이 함께 청자의 수행에 반영되어 발화 초점과
수행 초점은 달라진다. 청자의 수행에 화자와의 친분성이 반영되
면 언어적 의미보다는 언향적 의미로 많은 수행을 한다. 화자가
연상이고 화자와 친분성이 좋을 때, 화자의 발화 초점은 평서적
의미에 있으나 청자의 수행 초점은 명령적 의미에 있다. 화자가
연상이고 친분성이 보통이면 친분성이 좋을 때보다 청자가 언어적
의미인 평서적 의미나, 언향적 의미인 의문적 의미로 수행하는 비
율이 높아진다. 화자와의 친분성이 보통일 때도 청자는 청유적 의
미보다 명령적 의미로 수행하는 비율이 높다. 친분성이 좋지 않을
때도 청자의 수행 초점은 명령적 의미에 있다.

<표 3> 화자와의 친분성에 따른 청자 수행률

화자와 친분성	화자	반응 수	조건: 어디를 가려고 하는 청자에게					
			발화: 이나(이나씨)야 우리 기차가 빠르다(빠릅니다).(평서문)					
			이나야(이나씨) 우리 기차가 빠르다(빠릅니다).(평서)	이나야(이나씨)야 우리 기차를 타고 가자(갑시다).(청유)	이나야(이나씨) 기차를 타고 가거라(가시오).(명령)	이나야(이나씨) 기차를 타고 가는 것이 어떻니(어떻겠습니까)?(의문)	기타	청자 수행 초점
친함	연상	인원	2	244	653	136	13	명령
		백분율	0.2	23.3	62.3	13	1.2	
	친구	인원	1	811	42	173	21	청유
		백분율	0.1	77.4	4	16.5	2	
	연하	인원	47	625	12	347	17	청유
		백분율	4.5	59.6	1.1	33.1	1.6	

보통	연상	인 원	104	169	590	167	18	명령
		백분율	9.9	16.1	56.3	15.9	1.7	
	친구	인 원	258	521	52	194	23	청유
		백분율	24.6	49.7	5	18.5	2.2	
	연하	인 원	379	407	26	217	19	청유
		백분율	36.2	38.8	2.5	20.7	1.8	
나쁨	연상	인 원	157	255	521	89	26	명령
		백분율	15	24.3	49.7	8.5	2.5	
	친구	인 원	386	368	59	199	36	평서
		백분율	36.8	35.1	5.6	19	3.4	
	연하	인 원	522	417	12	62	35	평서
		백분율	49.8	39.8	1.1	5.9	3.3	

화자가 연상이고 친분성이 좋을수록 청자는 언어적 의미보다는, 언어외적 요소를 반영한 언향적 의미인 명령적 의미나 청유적 의미로 수행하는 비율이 높다. 그리고 화자가 연상이고 화자와의 친분성이 낮을수록 청자는 명령적 의미보다, 청유적 의미로 수행하는 비율이 높다. 화자가 우리에게 기차를 타고 가라는 것은 직접적인 명령은 하지 않았지만 청자를 그렇게 하기를 바라는 것으로 판단을 한다. 따라서 청자는 적극적인 수행을 한다.

화자와 친구이고 친분성이 좋을 때, 청자는 언어외적 요소를 언어적 의미에 반영한 언향적 의미인 청유적 의미로 수행을 한다. 화자가 친구이고 친분성이 보통이라도 청자가 언향적 의미인 청유적 의미로 수행을 한다. 화자가 친구이고 친분성이 좋지 않을 때 청자가 평서적 의미와 청유적 의미로 수행하는 비율은 비슷하나, 수행의 초점은 청유적 의미에 있다. 화자가 친구일 때 평서적 의미에 언어외적 요소인 친분성을 반영한 언향적인 의미인 청유적 의미에 청자의 수행 초점이 있다. 그리고 화자가 친구이고 친분성이 낮아지면 청자가 청유적 의미로 수행하는 비율이 낮아지고, 언어적 의미인 평서적 의미로 수행하는 비율은 높아진다.

화자가 연하이고 친분성이 좋을 때 청자의 수행 초점은 화자의 발화 초점과 다르게 청유적 의미에 있다. 화자가 친구이고 친분성이 보통일 경우에는, 친분성이 좋을 때보다 청자가 언어적 의미인 평서적 의미로 수행하는 비율은 높아지나, 수행의 초점은 청유적 의미에 있다. 화자가 연하이고 친분성이 좋지 않을 때, 평서적 의미로 수행하는 비율은 점차 증가하여 수행의 초점은 평서적 의미에 있다. 청유적 의미나 의문적 의미로 수행하는 비율은 점차 낮아진다.

청자인 대학생은 화자와 친분성이 좋을수록 적극적인 수행을 한다. 화자의 친분성이 좋으면 언어에 의한 수행뿐만 아니라, 다른 것에서도 적극적인 수행을 하게 된다. 그러나 화자가 친구이거나 연하이면 연상에 비해서 적극적 수행이 감소되고 있다. 대학생인 청자는 언어 활동에 있어서 화자와 사회적 관계를 매우 중요하게 생각하고 있다. 이것은 아직까지 사회 활동보다는 학교생활에 더 많은 시간을 보내므로 친구와의 친분성이라는 관계를 더 중요하게 보고 있다.

2] 청자와 이익

청자의 이익에 따라서도 발화에 대해서 청자가 수행하는 초점과 발화의 초점은 달라진다. 화자와 청자의 사회적 관계라는 기본적 언어외적 요소와 청자의 이익이 함께 청자의 수행에 반영이 되어 발화 초점과 수행 초점이 달라진다. (책을 읽고 있는 청자에게)"이나(이나씨)야 이 게임이 재미있다(재미있습니다)."라는 발화에 대하여 화자가 연상이고 화자의 발화가 청자에게 이익이 될 경우에는, 언어적 의미가 평서적 의미라도 언향적 의미인 명령적 의미나

청유적 의미로 수행을 한다. 그러나 화자가 연상이라도 청자 자신
에게 이익이 되지 않을 경우에도 언향적 의미와 청자의 수행 초점
은 달라진다.

<표 4> 청자의 이익 따른 수행률

청자의이익	화자	반응수	조건: 책을 읽고 있는 청자에게					
			발화: 이나(이나씨)야 게임이 재미있다(재미있습니다).(평서문)					
			이나야(이나씨)이 게임이 재미있다(재미있습니다).(평서)	이나야(이나씨)우리 게임을 하자(합시다).(청유)	이나야(이나씨)게임을 하여라(하시오).(명령)	이나(이나씨)는 책이 재미있느냐(있습니까)?(의문)	청자의미초점	청자수행초점
있음	연상	인 원	41	397	569	32	9	명령
		백분율	3.9	37.9	54.3	3.1	0.9	
	친구	인 원	266	701	36	32	13	청유
		백분율	25.4	66.9	3.4	3.1	1.2	
	연하	인 원	407	559	25	44	13	청유
		백분율	38.8	53.3	2.4	4.2	1.2	
없음	연상	인 원	364	364	236	64	20	평서
		백분율	34.7	34.7	22.5	6.1	1.9	청유
	친구	인 원	782	191	13	32	30	평서
		백분율	74.6	18.2	12.4	3.1	2.9	
	연하	인 원	796	123	7	83	39	평서
		백분율	76	11.7	0.7	7.9	3.7	

화자가 연상이고 청자 자신에게 이익이 되면 발화 의미가 평서
적 의미라도 명령적 의미로 많은 수행을 한다. 그리고 발화가 청
자에게 이익이 되지 않을 경우에는 청유적 의미나, 평서적 의미로
많은 수행을 한다. 화자가 연상이고 발화가 청자 자신에게 이익이

되면 언향적인 의미로 수행하지만, 청자 자신에게 이익이 되지 않으면 언어적 의미인 평서적 의미나 청유적 의미로 수행을 한다.

청자인 대학생이 자신에게 이익이 될 경우와 되지 않을 경우에는 수행에 큰 차이가 있다. 이것은 청자가 자신의 이익을 매우 중요시하고 있음을 보여준 것이다. 즉 연상의 발화이라도 청자 자신에게 이익이 없다면 적극적인 수행을 하지 않고 있음을 알 수 있다. 타인의 이익보다는 청자 자신의 이익을 우선으로 하기 때문에 적극적인 수행으로 나타난다. 자신에게 이익이 되므로 화자의 발화를 명령으로 판단을 하여 적극적인 수행을 한 결과로 보여진다.

화자가 친구일 경우에도 청자 수행은 자신의 이익과 매우 밀접한 관련을 가지고 있다. 화자가 친구이고 청자 자신에게 이익이 되면 언어적 의미인 평서적 의미를 언향적 의미인 청유적인 의미로 많은 수행을 하고, 언어적 의미인 평서적 의미로 수행하는 비율은 낮다. 화자가 친구이고 자신에게 이익이 되면 발화가 평서적 의미의 발화라도 청유적 의미로 수행을 한다. 그러나 발화가 청자에게 이익이 되지 않으면 청유적 의미보다는 언어적 의미인 평서적 의미로 수행을 한다.

화자가 연하이고 청자 자신에게 이익이 되면 언어적 의미인 평서적 의미로도 수행을 한다. 그리고 청유적 의미로도 거의 비슷한 비율로 수행을 한다. 화자가 연하일지라도 청자 자신에게 이익이 되는 방향으로 적극적인 수행을 한다. 화자가 연하이고 화자의 발화가 청자 자신에게 이익이 되지 않으면, 언어적 의미인 평서적 의미로 수행하는 비율은 매우 높다. 청자의 이익으로만 수행을 할 때 영향을 끼치는 것이 아니라, 화자와 청자의 사회적 관계가 기본적인 언어외적 요소로서 청자 수행에 항상 함께 반영이 된다.

화자가 친구나 연하일 경우에도 화자가 연상인 경우와 수행에 있어서 큰 차이가 없다. 청자 자신에게 이익이 될 경우와 되지 않을 경우에는 수행에 큰 차이가 있다. 친구나 연하의 발화이라도 자신에게 이익이 없다면 적극적인 수행을 하지 않고 있음을 알 수 있다. 다만 화자가 연상일 경우와 다르게 수행에 적극적이지 못한 것은, 화자나 청자가 친구나 연하의 관계이므로 명령이 성립되기가 어렵기 때문이다. 따라서 다소 소극적인 수행을 한다. 이것은 청자 자신에게 이익이 되지 않으면 친구나 연하 관계에 있어서는 소극적인 수행을 한다. 이것은 대학생인 청자가 자신만의 이익을 위해서 수행하고 있음을 위의 결과 분석에서도 짐작할 수 있다. 자신만의 이익을 생각하는 것은 청자가 대학생이므로 폭넓은 사회생활을 하지 못하고 있기 때문이다.

인간에게 있어서는 자신의 이익을 위해서 모든 노력을 하고 있다. 따라서 자신의 이익 추구를 위해서는 청자는 적극적이게 된다. 이러한 적극적인 반응은 화자의 발화에 대해서도 청자 자신의 이익을 위해서 적극적인 행위를 하게 된다. 이러한 적극적인 반응이 화자의 발화가 의문적 의미나, 평서적 의미에도 청자는 항상 명령적 의미나, 청유적 의미로 반응을 하여 자신의 이익을 취한다. 따라서 화자가 청자 자신보다 연상이라면 명령적 의미에 더욱 적극적일 수밖에 없다. 그러나 청자 자신에게 이익이 되지 않으면 소극적인 반응을 하게 된다. 청자의 이익에 따라서 적극적, 소극적인 반응은 생활이나, 다른 부분에 있어서와 같이 언어활동에 있어서도 마찬가지다. 이러한 반응은 청자의 연령이 많고 적음에 관계없이 중요한 요소로 될 수밖에 없다.

3) 화자의 이익

청자가 수행하는데 화자의 이익이 반영되면 언어적 의미와 수행의 초점은 다르다. 화자와 청자의 사회적 관계라는 기본적인 언어외적 요소와 화자의 이익이 항상 함께 반영이 된다. 식사시간이 되어 청자에게 "이나(이나씨)야 시장하다(시장합니다)."라는 발화는 화자의 이익에 따라 언어적 의미와 청자의 수행은 달라진다. 청자 자신이 생각하기에 식사를 하는 것이 화자에게 이익이 된다고 생각이 될 때와, 이익이 되지 않는다고 생각이 될 때에 수행의 초점에는 차이가 있다.

〈표 5〉 화자의 이익에 따른 청자 수행률

화자의 이익	화자	반응 수	조건: 식사 시간이 되어서					청자 수행 초점
			발화: 이나야(이나씨) 시장하다(시장합니다).(평서문)					
			이나(이나씨)야 나는 시장하다(시장합니다).(평서)	이나야(이나씨) 밥을 먹자(먹읍시다).(청유)	이나야(이나씨) 밥을 먹으러 가거라(가시오).(명령)	이나야(이나씨) 시장하니(시장합니까)?(의문)	기타	
있음	연상	인 원	45	345	610	41	7	명령
		백분율	4.3	32.9	582	3.9	0.7	
	친구	인 원	136	633	48	220	11	청유
		백분율	13	60.4	4.6	21	1	
	연하	인 원	236	744	31	31	6	청유
		백분율	22.5	71	3	3	0.6	
없음	연상	인 원	279	369	335	49	16	청유
		백분율	26.6	35.2	32	4.7	1.5	
	친구	인 원	279	685	11	56	17	청유
		백분율	26.6	65.4	1	5.3	1.6	
	연하	인 원	263	717	5	43	20	청유
		백분율	25.1	68.4	0.5	4.1	1.9	

화자가 연상이고 발화가 화자에게 이익이 되면, 언어적 의미가 평서적 의미라도 언향적 의미인 청유적 의미나 명령적 의미로 수행을 한다. 그러나 화자가 연상이라도 화자에게 이익이 되지 않으면 발화에 대한 청자 수행은 다르다. 화자가 연상이고 발화가 화자에게 이익이 되지 않으면, 발화 초점과 청자의 수행 초점은 다르다. 발화가 화자에게 이익이 없을 경우에 청자는 ㅁㅇ령적 의미보다 청유적 의미로 수행을 한다.

대학생인 청자는 자신의 이익뿐만 아니라 화자의 이익도 고려한다. 대학생인 청자는 다른 사람과의 관계에서 자신만의 이익만을 생각하고, 화자의 이익을 고려하지 않고는 원만한 인간 관계를 가질 수 없다는 것을 알기 때문이다. 따라서 청자는 자신의 이익과 같거나 비슷한 정도로 수행을 한다. 화자의 이익을 위하는 것이 바로 청자 자신의 이익과 직결된다는 사실을 깨닫기 때문이다. 화자의 이익이라고 판단을 할 때, 청자가 발화대로 수행을 하지 않는다면, 자신과 화자와의 화자와의 관계를 생각하지 않을 수 없기 때문에 적극적인 수행으로 볼 수 있다.

화자가 친구이고 발화가 화자에게 이익이 되면 발화 초점이 평서적 의미에 있어도, 청자의 수행초점은 청유적 의미에 있다. 화자와 친구이고 발화가 화자에게 이익이 되지 않으면, 청자의 수행에 언어외적 요소를 반영하지 않고 있다. 화자가 친구이고 발화가 화자에게 이익이 되면 청자는 화자의 발화가 평서적 의미라도 청유적 의미로 수행을 한다. 화자에게 이익이 되지 않으면 청자는 언향적 의미인 청유적 의미로 수행을 한다.

청자가 대학생이라면 화자가 연하일지라도 화자의 이익을 무시하기가 어렵다. 이러한 것은 대학생인 청자가 사회적인 관계를 알기 때문이다. 사회생활에서는 인간관계가 중요한 것과 마찬가지로 연하나 친구 관계에서도 그러하다. 화자가 친구나 연하이라도 화자의 이익을 위해서 적극적인 수행을 하는 것이 바로 자신의 이익과 관계되는 것이기 때문이다. 청자는 화자의 이익을 위해서 수행하므로 연하나 친구와 관계가 좋게 유지되고 싶어하기 때문인 것으로 볼 수 있다.

청자가 대학생의 경우에는 청자 자신만의 이익이 아닌 화자의 이익도 중요하게 고려하고 있다. 즉 청자의 연령이 많을수록 화자를 고려하고, 화자는 청자를 고려한 언어 활동을 한다. 이것은 화·청자의 연령이 많아질수록 언어 활동을 화·청자의 상호 작용적인 것으로 인지하기 때문이다. 화자의 이익을 중요한 요소로 생각하는 것은 인간의 사회가 자신의 이익을 위해서만 노력하면, 다른 사람으로부터 질책을 듣게 되고 환영을 받지 못하므로 사회생활도 원만할 수 없다. 따라서 화자의 이익을 위해서 청자도 노력하고 있다.

4) 화자의 표정

청자가 수행을 할 때 화자의 표정에도 많은 영향을 받는다. 이때에도 '화자와 청자의 사회적 관계'라는 기본적인 언어외적 요소가 함께 반영이 된다.

〈표 6〉 화자의 표정에 따른 청자 수행률

화자의 표정	화자	반응 수	조건: 놀고 있을 때(늦은 시간이 아닌 경우)					
			발화: 이나야(이나씨) 집으로 가자(갑시다).(청유문)					
			이나야 (이나씨) 너무 늦었다 (늦었습니다)(평서)	이나야 (이나씨) 집으로 가자 (가시지요). (청유)	이나야 (이나씨) 집으로 가거라 (가시오). (명령)	이나야 (이나씨) 많이 놀았니 (놀았습니까)?(의문)	기 타	청자 수행 초점
좋음	연상	인 원	12	236	754	34	12	명령
		백분율	1.1	22.5	71.9	3.2	1.1	
	친구	인 원	5	902	87	46	8	청유
		백분율	0.5	86.1	8.3	4.4	0.8	
	연하	인 원	4	918	41	69	16	청유
		백분율	0.4	87.6	3.9	6.6	1.5	
보통	연상	인 원	13	157	810	44	24	명령
		백분율	1.2	15	77.3	4.2	2.3	
	친구	인 원	108	754	91	64	31	청유
		백분율	10.3	71.9	8.7	6.1	3	
	연하	인 원	52	809	74	86	27	청유
		백분율	5	77.2	7.1	8.2	2.6	
나쁨	연상	인 원	19	64	853	76	36	명령
		백분율	1.8	6.1	81.4	7.3	3.4	
	친구	인 원	17	577	317	94	43	청유
		백분율	1.6	55.1	30.2	9	4.1	
	연하	인 원	11	804	93	88	52	청유
		백분율	1	76.7	8.9	8.4	5	

화자가 연상이고 표정이 부드러울 경우에 청자는 언어적 의미인 명령적 의미로 수행을 한다. 따라서 화자가 연상이고 표정이 부드

럽다면 청자는 명령적 의미로 수행을 한다. 화자가 연상이고 표정이 보통일 경우에는 화자의 표정이 부드러운 것에 비해서 청자가 명령적 의미로 더 많은 수행을 한다. 화자가 연상이고 표정이 좋지 않을 경우에는 화자의 표정이 부드러울 때나 보통일 때보다, 청자는 언향적 의미인 명령적 의미로 더 많은 수행을 한다. 화자가 연상이고 표정이 좋지 않을 때, 청자는 언어적 의미인 청유적 의미보다는 언향적 의미인 명령적 의미로 수행하는 비율이 증가한다.

　화자가 연상일 경우에 화자의 표정에 의해서 수행하는 비율이 크게 달라지는 것은, 화자가 연상이라는 기본적인 관계에 의해서 청자가 수행을 하기 때문이다. 대학생인 청자는 화자의 표정이 좋을 경우에 비록 부탁이라 할지라도 거절하기가 어렵기 때문에 적극적인 수행을 한다. 그러나 화자의 표정이 나쁠 경우에 명령적 의미로 적극적인 수행을 하는 것은, 화자의 요구에 대해서 거절할 경우 질책을 들을 것 같으므로 적극적인 수행을 한다. 그러나 적극적인 수행은 자신의 의지에 의한 적극적인 수행은 아니다.

　화자가 친구이고 표정이 부드러울 경우에 청자가 언어적 의미인 청유적 의미로 수행하는 비율은 매우 높다. 그러나 언향적 의미인 명령적 의미로 수행하는 비율은 매우 낮다. 화자가 친구일 경우에는 언어외적 요소를 반영하지 않아도 될 수 있는 관계이므로, 청자가 수행하는데 큰 영향을 미치지 못한다. 화자가 친구이고 표정이 보통일 경우에 화자의 빌화 초점과 청사의 수행 초점은 청유적 의미에 있다. 화자가 친구이고 표정이 좋지 않을수록 청자가 언어적 의미로 수행하는 비율은 낮아지고, 언향적 의미인 명령적 의미로 수행하는 비율은 점차 높아진다. 화자가 친구일 경우에는 화자의 표정에 상관없이 화자의 초점과 청자의 수행 초점은 청유적 의미에 있다. 화자가 친구일 경우에는 화자의 발화에 대해서 청자가

마음의 부담을 가지지 않지만, 두사람의 관계가 친구이므로 친구
와의 좋은 관계를 지속시키기위해서 적극적인 수행을 한다. 화자
의 표정이 나쁠 경우에 거절을 하면 자신과의 관계가 나빠질 것
같은 판단을 하므로 적극적인 수행을 하나, 자신의 의지에 의한
적극적인 수행은 아니다.

　화자가 연하이고 화자의 표정이 부드러울 때, 청자가 언어적 의
미인 청유적 의미로는 수행하는 비율은 매우 높다. 화자가 연하일
경우에는 청자에게 명령을 할 수 없다는 것이 기본적인 전제가 되
기 때문에 명령적 의미로 수행하는 비율은 낮다. 화자가 연하이고
표정이 보통일 경우에 청자가 언어적 의미인 청유적 의미로 수행
하는 비율은 비교적 높은 편이다. 화자가 연하이고 표정이 좋지
않을 때 청자가 언어적 의미인 청유적 의미로 수행하는 비율은 높
다. 화자가 연하이고 표정이 좋지 않으면 언어적 의미에 반응하는
비율이 높다. 화자가 연하이므로 발화대로 수행을 하지 않아도 큰
부담을 가지지 않는다. 따라서 소극적인 수행을 한다.

　화자가 친구이거나 연하일 경우에는 화자의 표정에 의해서도 청
자의 수행에 영향을 끼치고 있음을 확인할 수 있다. 화자가 연상
일 경우에는 기본적인 관계에 의해서 수행을 하므로 자신의 의지
에 의한 수행이 아니다.

　화자의 표정도 언어적 요소 못지 않게 발화에 대한 청자의 수행
에 있어서 적극적인 반응과 소극적인 반응을 하게 된다. 화자가
연상이고 표정이 어둡다면, 적극적인 수행을 해야만 화자와 관계
가 좋아질 것으로 청자가 믿기 때문이다. 그러나 화자의 표정이
밝다면 청자의 수행도 다소 소극적이 된다. 화자의 표정이 밝다면
화자의 발화에 대해서 적극적인 수행을 하지 않아도 화자와의 관
계가 크게 손상되지 않을 것으로 믿기 때문이다. 화자의 표정이

밝지 않을 경우는 발화에 대해서 청자가 적극적인 수행을 하지 않으면 화자와 관계가 소원해 질 수 있기 때문에 청자의 적극적인 수행으로 볼 수 있다.

5) 청자의 감정

청자의 감정이 발화에 반영되어 청자가 수행하는 초점은 언어적 의미와 다르다. 화자와 청자의 사회적 관계라는 기본적인 언어외적 요소와 화자의 감정과 함께 청자의 수행에 함께 반영이 된다. 특히 청자의 연령이 높을수록 감정의 변화를 숨기고 드러내 놓지 않는 경향이 많으나, 수행에는 반영하는 정도성이 높다. 따라서 청자가 대학생일 경우에 자신의 감정을 숨기고 수행을 할 수 있다. 청자의 감정이 좋으면 언어적 의미대로 수행을 하는 경향이 높고, 청자의 감정이 나쁠수록 언어적 의미보다는 언향적 의미로 수행하는 비율이 높다.

〈표 7〉 청자의 감정에 따른 수행률

청자의 감정	화자	반응 수	조건: 화자가 그 책을 읽고 싶어하는 것을 청자가 알고 있을 때					
			발화: 이나야 (이나씨) 그 책은 재미 있느냐 (있습니까)?(의문문)					
			이나야 (이니씨) 그 책은 그 책은 재미있다 (있습니다).(평서)	이나야 (이니씨) 책을 빌려 주었으면 좋겠다 (좋겠습니다).(청유)	이나야 (이나씨) 책을 빌려 다오 (주시오).(명령)	이나야 (이나씨)그 책은 재미 있느냐(있 습니까)?.(의문)	기타	청자 수행 초점

좋음	연상	인 원	8	346	141	529	24	의문
		백분율	0.8	33	13.5	50.5	2.3	
	친구	인 원	2	451	59	517	19	의문
		백분율	0.2	43	5.6	49.3	1.8	
	연하	인 원		239	26	740	43	의문
		백분율		22.8	2.5	70.6	4.1	
보통	연상	인 원	14	385	213	407	29	의문
		백분율	1.3	36.7	20.3	38.8	2.8	
	친구	인 원	1	307	64	645	31	의문
		백분율	0.1	29.3	6.1	61.5	3	
	연하	인 원		396	16	593	43	의문
		백분율		37.8	1.5	56.6	4.1	
나쁨	연상	인 원	19	227	721	54	27	명령
		백분율	1.8	21.7	68.8	5.2	2.6	
	친구	인 원	2	438	34	535	39	의문
		백분율	0.2	41.8	3.2	51.1	3.7	
	연하	인 원		424	23	557	44	의문
		백분율		40.5	2.2	53.1	4.2	

　화자가 연상이고 표정이 부드러울 경우에 청자는 언어적 의미인 의문적 의미로 수행을 한다. 화자가 연상이고 표정이 보통일 경우에는, 화자의 표정이 부드러운 것에 비해서 청자는 명령적 의미로 더 많은 수행을 한다. 화자가 연상이고 청자의 감정이 보통일 때는 언어적 의미에 수행의 초점이 있다. 화자가 연상이고 청자의 감정이 좋지 않을 때 언향적 의미인 명령적 의미로 수행하는 비율이 높다.

　사람은 감정이 좋다면 대체로 모든 일에 대해서 관대해지고 적극적으로 수용하지만, 이와 반대로 감정이 좋지 않다면 화자에 대해서 관대해지지 않고, 수행에도 소극적이게 된다. 언어 수행에 있어서도 청자의 감정이 좋지 않다면, 화자가 연상이라도 발화에 대해서도 좋지 않은 감정을 가지게 되므로 적극적인 수행을 한다. 그러나 이러한 적극적인 수행은 자신의 의지와 다른 수행이다. 즉 청자 자신에게는 마음에 흡족하지 않기 때문에 화자의 발화가 마치 자신에게 하는 명령인 것처럼 보여지므로 적극적인 수행을 한다. 이 때의 적극적인 수행은 청자의 의지에 의한 적극적인 수행이 아니다.

　화자가 친구이고 청자가 감정이 좋을 때 언어적 의미대로 수행

하는 비율이 높다. 화자가 친구이고 청자의 감정이 보통일 경우에
는, 감정이 좋을 때 보다 언어외적 요소의 영향을 받지 않는 언어
적 의미로 수행하는 비율이 높아진다. 화자가 친구이고 청자의 감
정이 좋지 않을 때 언어적 의미로 수행하는 비율은 낮아지고, 청유
적 의미로 수행하는 비율은 높아진다. 화자가 친구일 경우에 청자
가 언어적 의미로 수행하는 경향이 높다. 화자가 친구이고 청자의
감정이 점차 나쁠수록 언어적 의미로 수행하는 비율은 낮아진다.
　화자가 연하이고 청자의 감정이 좋을 때 언어적 의미인 의문적
의미로 수행하는 비율이 높다. 화자가 연하이고 청자의 감정이 보
통일 경우에 언어적 의미인 의문적 의미로 수행하는 비율은 다소
낮다. 화자가 연하이고 청자의 감정이 좋지 않을 경우에는 언어적
의미로 수행하는 비율은 더 낮아진다.
　화자가 친구나 연하일 경우에 청자가 수행하는 비율은 다소 다르
지만 언어적 의미로 수행을 하는 것은, 청자 자신의 감정이 반영되
기 때문이다. 청자의 감정이 좋을 때에는 50% 이상이 언어적 의미
에 수행을 하고, 감정이 좋지 않을 때에는 50% 정도가 적극적으로
수행을 한다. 이것은 비록 청자의 감정이 좋지 않아도 화자와 사회
적 관계에 의해서 수행하는 결과로 보여진다. 즉 자신의 감정은 좋
지 않지만 화자인 친구나 연하에게 자신의 감정만으로 수행을 할
수 없다는 사실을 알기 때문에 수행에 다소 적극적이다.
　청자의 감정에 의해서만 청자의 수행 초점이 달라지는 것이 아
니라, 화자와 청자와의 관계가 기본 요소로 함께 반영이 되어 청
자 수행에 영향을 끼친다. 청자가 감정은 드러내지 않지만 자신이
화자의 발화를 수행하는데 있어서는 영향을 미치고 있다. 이것은
연령이 높은 청자는 자신의 감정을 감추기도 하지만, 연령이 낮으
면 자신의 감정을 숨기기가 어렵기 때문이다. 연령이 많은 청자는

화자의 발화에 대해서 자신의 감정이 좋을 때는 적극적으로 수행을 하지만, 자신의 감정이 좋지 않을 때에는 소극적인 수행을 한다. 인간에게 감정이라는 것은 언어 생활에서도 영향을 끼치는 요소로 작용을 한다.

6) 청자의 수용력

발화에 대한 청자의 수용력에 따라서도 수행의 초점은 언어적 의미와 다르다. 화자와 청자의 사회적 관계라는 기본적인 언어외적 요소와 화자의 수용력이 청자의 수행에 영향을 끼친다.

집으로 돌아가는 청자에게 화자가 "이나야(이나씨) 우리 내일 일찍 오도록 하자(좋겠습니다)"라는 발화에 대해서 청자가 언어적 의미인 청유적 의미로 수행을 하기도 하지만, 언어외적 요소를 반영하는 언향적 의미인 명령적 의미나, 평서적 의미로도 청자가 수행을 한다.

〈표 8〉 청자의 수용력에 따른 수행률

청자의수용력	화자	반응수	조건: 일을 끝내고 가려는 청자에게					청자수행초점
			발화: 이나야 (이나씨) 우리 내일 일찍 오도록 하자(좋겠습니다). (청유문)					
			이나야 (이나씨) 내일 바쁘다 (바쁩니다). (평서)	이나야 (이나씨) 일찍 왔으면 좋겠다 (좋겠습니다). (청유)	이나야 (이나씨) 일찍 오너라 (오시오).(명령)	이나야 (이나씨) 내일 일찍 올 수 있니 (있습니까)?(의문	기타	
있음	연상	인 원	51	406	509	69	13	명령
		백분율	4.9	38.7	48.6	6.6	1.2	
	친구	인 원	120	694	41	184	9	청유
		백분율	11.5	66.2	3.9	17.6	0.9	
	연하	인 원	131	743	54	99	21	청유
		백분율	12.5	70.9	5.2	9.4	2	

없	연상	인 원	107	295	457	156	33	명령
		백분율	10.2	28.1	43.6	14.9	3.1	
	친구	인 원	326	616	24	58	24	청유
음		백분율	31.1	58.8	2.3	5.5	2.3	
	연하	인 원	101	665	36	227	19	청유
		백분율	9.6	63.5	3.4	21.7	1.8	

화자가 연상이고 발화에 대해서 수용력이 있을 때, 청자가 언어
외적 요소를 언어적 의미에 반영하여 언향적 의미인 명령적 의미
로 이해와 수행을 한다. 그러나 화자가 연상이고 청자가 발화에
대해서 수용력이 없다면 명령적 의미나, 청유적 의미로 수행하는
비율은 낮아진다. 그러나 수행의 초점은 명령적 의미에 있다.

청자가 적극적으로 수행하는 것은 자신이 화자의 발화를 수용할
수 있는 능력이 있으므로 적극적인 수행으로 볼 수 있다. 화자의
발화를 청자가 적극적으로 수행을 해야만, 화자와 좋은 관계가 지
속되기 때문에 적극적인 수행이 된다. 그러나 청자가 화자의 발화
를 수용할 수 없을 때는 적극적으로 수행하는 비율이 낮다. 이것
은 화자의 수용을 감당할 수 없으므로 청자가 적극적인 수행을 하
고 싶어도 다소 소극적인 수행을 하는 것으로 볼 수 있다.

화자가 친구이고 청자가 수용력이 있을 때 언어외적 요소를 언
어적 의미에 반영한 언향적 의미보다는 언어적 의미로 수행을 한
다. 화자가 친구일 경우에는 청자의 수용력에 상관없이 언어적 의
미로 많은 수행을 한다. 그러나 화자가 친구이고 청자가 수용력이
없을 때 청자가 언어적 의미로 수행하는 비율이 낮아진다.

화자와 청자의 사회적 관계가 연하이고 청자가 발화에 대해서
수용력이 있다면, 언어적 의미인 청유적 의미로 수행하는 비율은
높다. 그리고 청자가 언어외적 요소를 언어적 의미에 반영한 언향

적 의미인 평서적 의미로 수행하는 비율은 낮다. 화자가 연하이고 청자가 수용력이 있을 때 언어적 의미대로 수행을 한다. 화자가 연하이고 청자가 수용력이 없다면 언어적 의미인 청유적 의미로 수행하는 비율은 다소 높다.

화자가 친구이거나 연하일 때 연상일 때보다 수행에 적극적이지 못한 것은, 청자의 수용 능력이 언어외적 요소로써 작용을 하지만, 화자와 청자의 사회적 관계가 발화에 반영되는 정도성이 더 높기 때문이다. 화자가 친구나 연하일 경우에는 발화에 수용하는 능력에 상관없이 언어적 의미로 수행하는 이유는, 화자인 친구의 발화에 대해서 수행의 여부에 큰 부담감을 가지지 않기 때문이다. 따라서 발화에 대한 청자의 수용력이 있다면 적극적인 수행을 하지만, 수용력이 없다면 소극적인 수행을 한다.

7) 발화 상황

발화 상황에 따라서도 청자가 수행을 할 때의 초점은 언어적 의미와 다르다. 발화 상황에 의해서만 수행의 초점이 달라지기보다는 화자와 청자의 사회적 관계가 기본적인 언어외적 요소로서 항상 함께 반영이 된다. (급하게 가야할 곳이 있을 때)"이나야(이나씨) 바쁜 일이 있느냐(있습니까)?"라는 발화의 상황에 따라서 언어적 의미인 청유적 의미로 수행을 하거나, 언향적 의미인 명령적 의미나 평서적 의미로 수행을 한다.

<표 9> 발화의 상황에 다른 청자 수행률

| 발화의 상황 | 화자 | 반응수 | 조건: 급히 갈 곳이 있을 때 | | | | | |
| | | | 발화: 이나야(이나씨) 바쁜 일이 있느냐(있습니까)?(의문문) | | | | | |
			이나야(이나씨) 지금 바쁘다(바쁩니다).(평서)	이나야(이나씨) 같이 가자(같이 갑시다).(청유)	이나야(이나씨) 같이 가거라(가시오).(명령)	이나(이나씨)는 갈수 있는냐(있습니까)?(의문)	기타	청자수행초점
급함	연상	인 원	56	124	678	136	54	명령
		백분율	5.3	11.8	64.7	13	5.2	
	친구	인 원	102	363	224	342	17	청유
		백분율	9.7	34.6	21.4	32.6	1.6	
	연하	인 원	108	368	95	468	9	의문
		백분율	10.3	35.1	9.1	44.7	0.9	
급하지 않음	연상	인 원	128	307	423	171	19	명령
		백분율	12.2	29.3	40.4	16.3	1.8	
	친구	인 원	212	337	62	429	8	청유
		백분율	20.2	32.2	5.9	40.9	0.8	
	연하	인 원	133	396	17	496	6	의문
		백분율	12.7	37.8	1.6	47.3	0.6	

화자가 연상이고 발화의 상황이 급하다면 청자가 언어외적 요소를 언어적 의미에 반영하여 언향적 의미인 명령적 의미로 이해와 수행을 한다. 그러나 화자가 연상이고 청자가 발화의 상황이 급하지 않다고 생각한다면, 언향적 의미인 명령적 의미로 수행하는 비율은 낮나. 화자의 발화를 적극적으로 이해하고 수행하는 것은, 청자가 그 발화의 상황이 급하므로 적극적으로 수행을 해야 한다는 판단을 하기 때문이다. 그러나 발화의 상황이 급하지 않을 때에는 소극적인 수행으로 나타난다. 발화의 상황과 관련하여 대학생인 청자가 수행을 하고 있음을 알 수 있다. 상황이 급할 때 청자는

적극적으로 수행을 해야 한다는 판단을 하므로 적극적인 수행이 된다. 그러나 상황이 급하지 않다면 청자 자신이 수행을 하지 않아도 큰 부담이 없으므로 소극적인 수행이 된다.

화자가 친구이고 청자 자신이 발화에 대해서 급하다고 생각할 때 언어외적 요소를 언어적 의미에 반영한 언향적 의미인 청유적 의미로 많은 수행을 한다. 화자가 친구이고 발화에 대한 상황성이 급하지 않을 때와 상황이 급할 때는 비슷한 수행을 한다. 화자가 친구이고 발화의 상황이 급할 때 언향적 의미인 청유적 의미에 청자의 수행 초점이 있다. 화자가 친구이고 발화 상황이 급하지 않다면 청자가 언어적 의미로 수행하는 비율이 점차 증가한다.

화자가 친구일 경우에도 상황이 급할 때는 적극적으로 수행을 해야 한다는 판단을 하므로 적극적인 수행을 한다. 따라서 화자와의 관계보다 발화 상황을 반영하는 정도성이 높다. 그러나 상황이 급하지 않다면 청자 자신이 수행을 하지 않아도 화자가 친구이기 때문에 큰 부담이 없으므로 소극적인 수행이 된다.

화자가 연하이고 발화 상황이 급하다면 청자가 언어적 의미인 의문적 의미로 수행하는 비율은 높다. 화자가 연하이고 발화 상황이 급하지 않다면 청자가 언어적 의미로 수행하는 비율은 증가한다. 화자가 친구이거나 연하이고 발화의 상황이 급할 때, 청자가 이해하기를, 화자가 상황이 급하므로 나에게 직접적으로 말을 못했지만 해주었으면 하는 마음을 미루어 짐작하므로 청유적 의미에 수행하는 비율도 높다. 그러나 상황이 급하지 않으면 청자가 위와 같은 판단을 하지 않으므로 다소 소극적인 수행을 한다.

화자가 친구이거나 연하일 경우에 언어적 의미인 의문적 의미를 청유적인 의미로 이해하여 적극적인 수행을 한다. 이것은 화자가 나에게 같이 가지고 부탁하는 것으로 청자가 판단을 할 수 있다.
따라서 청자는 친구나 후배를 돕기 위해서 다소 적극적인 수행을
하게 된다.

8) 발화 장소

화자가 어느 장소에서 발화를 하였느냐도 청자가 수행을 할 때
의 초점은 언어적 의미와 다르다. 발화 장소에 의해서만 발화 초
점과 수행의 초점이 달라지기보다는 화자와 청자의 사회적 관계가
함께 영향을 끼친다.

<표 9> 발화 장소에 따른 청자 수행률

| 발화의 장소 | 화자 | 반응수 | 조건: 누구를 책임자로 정할 것인가 의견이 분분할 때. | | | | | |
| | | | 발화: 이나(이나씨)가 적합하다(적합합니다).(평서문) | | | | | |
			이나 (이나씨)가 책임자로 적합하다 (합니다). (평서)	이나 (이나씨)를 책임자로 하자 (합시다). (청유)	이나 (이나씨)가 책임자로 하여라 (하시오) (명령)	이나 (이나씨)가 책임자로 좋지 않느냐 (않습니까)? (의문)	기타	청자 수행 초점
공적	연상	인원	186	478	305	76	3	청유
		백분율	17.7	45.6	29.1	7.3	0.3	
	친구	인원	169	816	36	26	1	청유
		백분율	16.1	77.9	3.4	2.5	0.1	
	연하	인원	575	385	14	69	5	평서
		백분율	54.9	36.7	1.3	6.6	0.5	
사적	연상	인원	174	487	315	70	2	청유
		백분율	16.6	46.5	30.1	6.7	0.2	
	친구	인원	189	634	29	190	6	청유
		백분율	18	60.5	2.8	18.1	0.6	
	연하	인원	247	627	6	161	7	청유
		백분율	23.6	59.8	0.6	15.4	0.7	

화자가 연상이고 발화의 장소가 공적일 때 발화 초점인 평서적 의미가 언어외적 요소의 영향을 받아 청유적 의미에 청자 수행의 초점이 있다. 화자가 연상이고 발화의 장소가 사적일 때, 언어적 의미인 평서적 의미에 수행하는 비율은 낮으나, 수행의 초점은 청유적 의미에 있다. 이것은 화자가 연상이기 때문에 청자는 장소 구분 없이 적극적인 수행을 한다. 화자가 청자 자신보다 연상이므로 발화의 장소를 구별하지 않고 명령적 의미에 수행하는 비율이 높다.

화자가 친구이고 발화의 장소가 공적일 때, 언향적 의미인 청유적 의미로 수행을 하지만, 비율은 높지 않다. 화자가 친구이고 발화가 사적인 장소일 때 언향적 의미인 청유적 의미로 수행하는 비율은 높다. 화자가 친구일 경우에는 발화의 장소가 공적, 사적 구별 없이 청자는 언향적 의미인 청유적 의미로 수행을 한다. 화자가 친구일 경우에는 청자는 공적인 장소의 발화에 대해서 대체적으로 언어적 의미 이상으로 적극적인 수행을 하게 된다. 그러나 사적인 장소에서의 수행은 다소 소극적일 수 있다. 화자의 발화가 사적인 장소이므로 화자의 발화가 청자에게 큰 부담으로 작용하지 않기 때문에 소극적인 수행이 될 수 있다.

화자가 연하이고 발화의 장소가 공적일 경우에 청자가 언어적 의미로 수행하는 비율이 높다. 발화의 장소가 사적일 경우에는 청자가 언향적 의미인 청유적 의미로 수행하는 비율이 높다. 화자가 연하일 경우에는 화자의 발화가 공적과 사적에 따라 수행의 차이가 나타난다. 화자가 연하이고 발화 장소가 공적일 경우에는 청자는 큰 부담을 가지지 않으므로, 언어적 의미로 수행을 한다. 그러나 사적인 장소에서의 발화는 공적인 발화보다는 인간적인 관계에 의해서 청자는 적극적인 수행을 한다.

청자가 대학생이면 발화의 장소인 공적, 사적에 따라서 언어적 의미에 언어외적 요소를 반영하여 수행을 한다. 발화의 장소에 화자와 청자와의 관계, 청자의 감정, 발성의 정도성, 화자의 표정, 화자와의 친분성 등이 더해지면, 청자는 언어외적 요소를 언어적 의미에 반영하는 언향적 의미로 더 많은 수행을 한다. 발화의 장소와 화자와 청자와의 관계가 기본 요소로서 함께 반영되고 있다.

9) 청자의 경험

발화에 대한 청자의 경험도 수행하는데 영향을 끼친다. 이 때에도 발화에 대한 경험과 화자와 청자의 사회적 관계가 청자가 수행을 할 때 함께 반영된다.

〈표 10〉 발화 경험에 따른 수행률

발화의 경험	화자	반응수	조건: 해야 할 일이 급하다는 것을 알고 있을 때 발화: 이나야(이나씨) 일찍 올 수 있느냐(있습니까)?(의문문)					청자 수행 초점
			이나야(이나씨) 오늘은 바쁘다(바쁩니다).(평서)	이나야(이나씨)일찍 오면 좋겠다(좋겠습니다).(청유)	이나야(이나씨) 일찍 오너라(오시오).(명령)	이나야(이나씨) 일찍 올 수 있느냐(있습니까)?(의문)	기타	
있음	연상	인 원	129	186	638	87	8	명령
		백분율	12.3	17.7	60.9	8.3	0.8	
	친구	인 원	272	486	43	238	9	청유
		백분율	26	46.4	4.1	22.7	0.9	
	연하	인 원	281	542	16	196	13	청유
		백분율	26.8	51.7	1.5	18.7	1.2	

없	연상	인 원	157	247	474	153	17	명령
		백분율	15	23.6	45.2	14.6	1.6	
	친구	인 원	238	524	43	229	14	청유
음		백분율	22.7	50	4.1	21.9	1.3	
	연하	인 원	242	533	27	225	21	청유
		백분율	23.1	50.4	2.6	21.5	2	

　화자가 연상이고 발화에 대해서 청자가 경험이 있을 때[27], 청자는 언어적 의미가 의문적 의미라도 언어외적 요소의 영향을 받아 명령적 의미로 수행을 한다. 화자가 연상이고 발화에 대해서 청자의 경험이 없다면 청자가 명령적 의미로 수행하는 비율은 낮아지나, 청유적 의미나 의문적 의미로 수행하는 비율은 높아진다. 따라서 발화에 대한 청자의 경험에 의해서 언향적 의미인 청유적 의미로 수행하는 비율이 높다.

　대학생은 언어적 경험이나, 사회적인 경험은 성인에 비해서 많지는 않다. 화자가 발화한 것에 청자 자신의 경험에 적극적인 수행을 할 때, 화자가 좋아한다거나 또 청자 자신에게 이익이 있을 경우에는 적극적인 방법으로 화자의 발화를 수용한다. 그러나 그러한 경험이 없을 때에는 앞의 결과에서도 알 수 있듯이 자신이 수행하는 결과에 대해서 예측하기 어렵다. 그러므로 발화에 대한 경험이 청자의 수행에 영향을 끼치고 있음을 알 수 있다.

　화자가 친구이거나 연하이고 발화에 대해서 청자가 경험이 있을 때, 청자가 언어적 의미인 의문적 의미로 수행하는 비율보다 언향적 의미인 청유적 의미로 수행하는 비율이 높다. 화자가 친구이거나 연하이고 발화에 대해서 청자가 경험이 없다면, 언어적 의미인

---

27) 발화에 대해서 청자의 경험은 좋은 기억과 나쁜 기억으로 나타날 수 있다. 이 연구에서는 청자의 경험은 대체로 좋은 기억이 있는 것으로 전제가 된다.

의문적 의미로 수행하는 비율은 낮고, 청자가 언향적 의미인 청유적 의미로 수행하는 비율은 다소 높다.

화자가 친구나 연하일 경우에는 청자가 발화에 대한 경험이 있든, 없든 수행에는 큰 차이가 없다. 이것은 화자가 친구이기 때문에 청자의 경험이 있든 없든 인간 관계에 의해서 언어적 의미 이상으로 수행을 하기 때문일 것으로 보여진다.

발화에 대한 청자의 경험에 화자와 청자와의 관계, 발화의 장소, 청자의 감정, 발성의 정도성, 화자의 표정, 화자와의 친분성 등 언어외적 요소가 더해지면, 청자가 언어적 의미보다는 언향적 의미로 이해하고 수행을 한다. 발화에 대한 청자의 경험에 의해서만 청자 수행 초점이 달라지는 것이 아니라, 청자가 화자와 청자와의 관계가 기본 요소와 반영되는 정도성을 알아보았다. 그리고 언어외적 요소를 언어적 의미에 반영하여 발화초점과 수행초점이 일치하는지도 알아보았다. 이 결과를 요약하면 다음과 같다.

4. 요 약

이 장은 대학생을 대상으로 발화(서법)에 대해서 청자가 수행하는데 반영되는 언어외적 요소가 무엇인지 알아보았다.

(1) 청자가 대학생일 경우에는 언어적 의미를 반영하는 언어외적 요소는 많다. 그러나 발화에 대해서 청자가 수행에 반영하는 언어외적 요소들은 같은 정도성으로 반영하지 않는다. 언어외적 요소를 청자가 수행하는데 반영하는 정도성이 높은 것부터 나열하면 '화자와 청자와의 관계, 화자와 청자의 친분성, 청자의 이익, 화자의 이익, 화자의 표정, 청자의 감정, 발화에 대한 청자의 수용력,

발화의 상황성, 발화의 장소, 발화에 대한 청자의 경험' 등이다. 이 요소 중에서 발화에 대해서 청자가 수행 할 때 기본이 되는 언어외적 요소는 '화자와 청자와의 관계'이다. 청자가 대학생일 때 발화와 청자 수행과의 관계는 다음과 같다.

[발화와 대학생인 청자(대학생) 수행과의 관계]

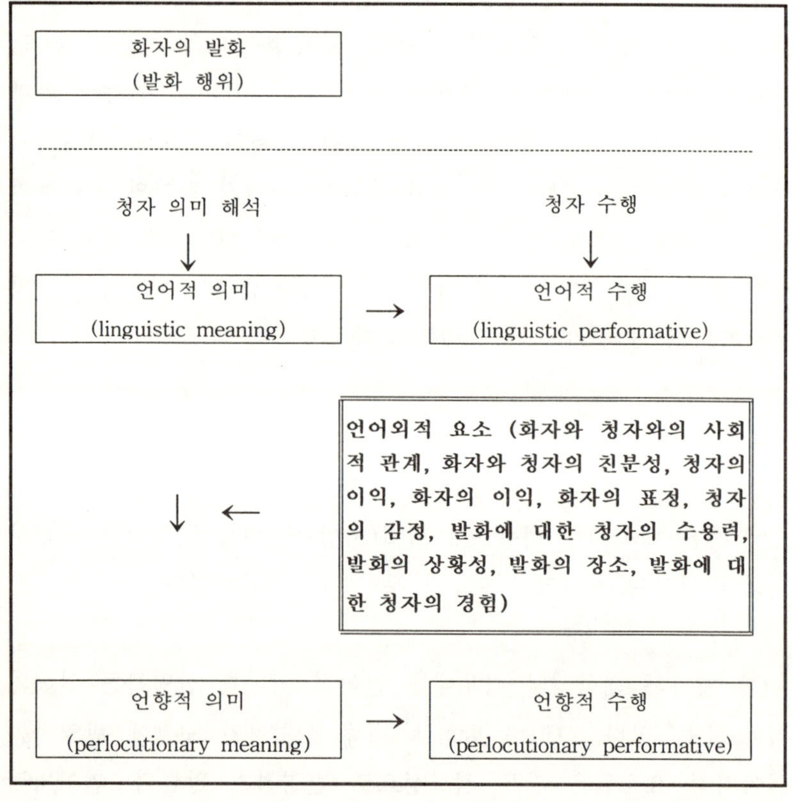

(2) 청자의 연령이 많으면 발화에 대해서 수행을 할 때 반영하는 언어외적 요소는 많고, 청자의 연령이 낮을수록 수행에 반영하

는 언어외적 요소는 적다. 청자의 연령이 많을 경우에는 언어적 경험이 많으므로 반영하는 언어외적 요소의 정도성도 언어적 요소보다 높다. 따라서 청자는 언향적 수행을 많이 한다. 그러나 청자의 연령이 낮으면 언어적 경험이 적으므로 반영하는 언어외적 요소의 정도성도 적다. 따라서 청자를 언향적 의미보다는 언어적 의미로 이해와 수행을 한다. 대학생인 청자는 언어 생활의 폭은 다소 넓다. 즉 언어 생활에서 청자 자신뿐만 아니라 화자도 중요하게 생각하고 있다. 따라서 언어적 의미에 언어외적 요소를 반영한 언향적 의미로 이해를 하여 언향적 수행하는 비율이 높다.

(3) 대학생인 청자는 기본적인 언어외적 요소인 '화자와 청자와의 사회적 관계'만으로 언어적 의미에 반영하여 화자의 발화 초점과 청자의 수행 초점이 달라질 수 있다. 그러나 화자와 청자의 사회적 관계를 제외한 다른 언어외적 요소만으로는 화자의 발화 초점과 청자의 수행 초점이 달라지는데 크게 영향을 끼치지 못한다. 항상 언어외적 요소인 '화자와 청자와의 사회적 관계'가 다른 언어외적 요소들과 함께 언어적 의미에 반영이 될 때, 청자가 수행하는 초점에 영향을 크게 끼친다.

(4) 대학생인 청자는 초·중·고등학생에 비해서 언어 생활의 폭은 넓으므로 언어 생활에서 청자 자신의 이익뿐만 아니라, 화자의 이익도 중요하게 생각하고 있다. 그리고 수행에 반영하는 언어외적 요소도 많다. 따라서 수행에 반영하는 화자의 이익에 대한 정도성이 고등학생에 비해서 매우 높고 수행에 반영하는 언어외적 요소도 많다.

(5) 대학생인 청자는 초·중·고등학생과 같이 발성의 정도성을
자신이 수행하는데 반영하고 있지 않다.

Ⅶ. 일반인의 언어 수행과 언어외적 요인

이 장은 일반인을 대상으로 언어외적 요소의 정도성에 따른 화자의 발화 초점과 청자의 수행 초점이 일치하는지의 조사이다.

① 이 조사에서의 연상에는 부모님, 선생님, 상사, 동기간, 연하에는 부하, 후배, 동기 등이 포함된 화자이다.

② 화자가 연상일 경우에 예사 말로, 청자가 연상일 경우에 높임말로 발화하는 것을 원칙으로 한다.

③ 발화된 표현은 반어적인 의미나, 관용적인 표현은 아니다.

④ 청자의 의미 이해 초점과 수행 초점은 같은 것으로 본다(발화에 대한 청자의 이해 초점과 수행 초점은 다를 수 있다. 그러나 이 연구에서는 청자의 이해 초점과 수행 초점이 같은 것으로 보고 응답하도록 하였다.).

⑤ 반응문에 표현된 평서(평서적 의미), 요청(요청적 의미), 명령(명령적 의미), 의문(의문직 의미)은 청사가 생삭한 대로 표현되지 않아도, 그러한 의미가 포함되었다고 판단되면 그 발화에 반응하도록 하였다.

1. 기본적인 언어외적 요소와 청자 수행

발화에 대해서 청자가 수행을 할 때, 화자와의 사회적 관계에 따라서 발화 초점과 청자의 수행 초점은 다르다. 가야할 곳을 가지 않는 청자에게 화자가 "이안이(이안씨)는 왜 안갔느냐(안갔습니까)?"의 발화는 화자와 청자와의 관계에 따라서 청자가 언어적 의미인 의문적 의미로 수행을 하기도 하고, 언어외적 요소를 언어적 의미에 반영한 청유, 명령, 평서적 의미 등으로 수행하기도 한다.

청자가 연령이 많은 일반일 경우에 대체로 언어적 의미보다는, 언어외적 요소를 언어적 의미에 반영한 언향적인 의미로 더 많은 수행을 한다. 이것은 언어 활동에 있어서 청자의 연령이 높은 일반인일 경우 언어적 의미만을 파악하기보다는, 언어외적 요소를 언어적 의미에 반영하는 언어외적 의미까지 파악하려는 능력이 높기 때문이다. 따라서 청자의 연령이 많아질수록 언어적 의미보다는 언향적인 의미로 수행을 한다. 또 청자는 화자가 연상이기 때문에 적극적으로 수행을 한다.

<표 1> 기본적인 언어외적 요소에 따른 청자의 수행률

화자	반응수	조건: 가야할 곳을 가지 않는 청자에게				
		발화: 이안이(이안씨)는 왜 안갔느냐(안갔습니까)?(의문문)				
		이안이 (이안씨)는 안가고 있구나 (있습니다). (평서)	이안아 (이안씨) 갔으면 좋겠다 (좋겠습니다). (청유)	이안아 (이안씨) 빨리 가거라 (가시오). (명령)	이안이 (이안씨)는 왜 안갔느냐 (안갔습니까) ?(의문)	청자 수행 초점

연상	인원	9	89	761	24	명령
	백분율	1	10.1	86.2	2.7	
친구	인원	12	718	19	134	청유
	백분율	1.4	81.3	2.2	15.2	
연하	인원	11	99	9	764	의문
	백분율	1.2	11.2	1	86.5	

　화자가 연상, 연하, 또는 친구이냐에 따라 청자는 언어적 행위를 언어적 의미인 질문적 의미만으로 수행을 하지 않는다. 청자가 일반인의 경우에 화자가 연장자이면 언어적 의미가 의문적 의미라도 명령적 의미로 수행하는 비율이 높다. 이것은 청자가 발화에 대해서 언어적 의미에 의한 수행보다는, 언어외적 요소를 언어적 의미에 반영한 수행을 하기 때문이다.

　화자가 친구일 때 청자는 언어적 의미인 청유적 의미로 많은 수행을 한다. 이와 같이 청자가 언어적 의미인 청유적 의미에 많은 수행을 하는 것은, 화자와 친구사이에는 화자가 명령을 할 수 없다는 것이 기본 전제가 되기 때문이다. 따라서 화자가 친구일 경우에 청자는 명령적 의미로 수행하기보다 언이적 의미로 수행한다.

　화자가 연하일 경우에 청자는 언어적 의미인 의문적 의미로 많은 수행을 한다. 청자가 언어적 의미인 의문적 의미로 많은 수행을 하는 것은, 화자가 연상인 청자에게는 명령보다는 질문을 할 수밖에 없다는 것이 전제가 되기 때문이다. 따라서 청자는 언어적 의미에는 소극적인 수행을 한다.

2. 화자와 청자의 관계에 따른 수행

　다음은 발화에 대해서 청자가 수행을 할 때 반영되는 언어외적 기본 요소인 화자와 청자와의 관계를 세분하여 청자의 수행을 분석한 것이다. 화자가 부모님, 선생님, 형, 또는 선배일 때, 같은 형태의 발화일지라도 청자가 언어외적 요소를 언어적 의미에 반영한 언향적인 의미로 수행을 한다. (가야 할 곳을 가지 않았을 때)"이안(이안씨)는 왜 안갔느냐(가지 않습니까)?"의 발화는 화자의 관계에 따라서 청자가 언어적 의미인 의문적 의미로 수행을 하기도 하고, 언향적 의미인 청유, 명령, 평서적 의미 등으로 수행하기도 한다.

<표 2> 화자와 청자의 세부 관계에 따른 청자의 수행률

화자	관계	반응 수	조건: 가야할 곳을 가지 않는 청자에게 발화: 이안(이안씨)이는 왜 안갔느냐(가지 않습니까)?(의문문)				청자 수행 초점
			이안(이안씨)는 안가고 있구나(있군요)(평서)	이안이(이안씨)는 갔으면 좋겠다(좋겠습니다)(청유)	이안이(이안씨)는 빨리 가거라(가시오)(명령)	이안이(이안씨)는 왜 안갔느냐(가지 않습까)?(의문)	
연상	부모	인 원	3	114	759	7	명령
		백분율	0.3	12.9	86	0.8	
	상 사	인 원	5	80	795	3	명령
		백분율	0.6	9.1	90	0.3	
	동 기	인 원	7	169	691	16	명령
		백분율	0.8	19.1	78.3	1.8	
	선 배	인 원	13	170	679	24	명령
		백분율	1.5	19.3	76.9	2.7	
	연장자	인 원	21	279	548	35	명령
		백분율	2.4	31.6	62.1	4	

연 하	부 하	인 원	16	174	4	689	의문
		백분율	1.8	19.7	0.5	78	
	후 배	인 원	24	139	7	713	의문
		백분율	2.7	15.7	0.8	80.7	
	동 기	인 원	19	127	9	728	의문
		백분율	2.2	14.4	1	82.4	
	연 하	인 원	34	83	17	749	의문
		백분율	3.9	9.4	1.9	84.8	

　화자가 부모이면 청자는 언어적 의미인 의문적 의미보다는 언어외적 요소를 언어적 의미에 반영한 명령적 의미로 수행하는 비율이 높다. 화자가 동기(형, 언니, 누나, 오빠)일 경우에 청자가 언어적 의미보다, 언어외적 요소를 언어적 의미에 반영하여 언향적 의미인 명령적 의미로 수행하는 비율이 높다. 화자가 동기간일 경우에는 화자가 부모님일 때 비해서, 청자는 명령적 의미로 수행하는 비율이 다소 떨어진다. 이것은 부모의 발화에 비해서 동기간의 발화가 청자에게는 큰 부담으로 되지 않기 때문이다.

　화자가 직장 상사이면 청자는 언어적 의미인 의문적 의미로 수행하기보다는 명령적 의미로 수행을 한다. 이것은 화자가 부모님보다 직장 상사일 경우에 화자의 발화에 대해서 청자가 거절할 수 없는 관계이기 때문에 적극적인 수행의 결과이다.

　화자가 선배일 경우에, 청자가 언어적 의미인 의문적 의미나, 언향적 의미인 청유적 의미와 명령적 의미로 수행하는 비율은 화자가 동기일 경우와 비슷하다. 화자가 부모님이나, 동기간, 상사에 비해서 선배일 경우에 청자는 명령적 의미로 수행하는 비율은 다소 낮다. 이것은 화자가 부모님, 동기간, 직장 상사에 비해서 선배가 큰 부담이 되지 않기 때문에 수행에 소극적이다.

　청자가 자신보다는 연장자일 경우(아저씨, 아주머니…)에는 또

다른 수행을 한다. 화자가 연상일 경우 언향적 의미인 명령적 의
미로 수행하는 비율은 낮고, 언어적 의미인 의문적 의미로 수행하
는 비율은 높다.

　화자가 부모님, 동기, 상사일 경우에 청자는 언어적 의미에 언어
외적 요소를 반영하는 언향적인 의미로 수행하는 비율이 높아진
다. 기본적으로 화자가 연장자일 경우에 화자의 발화 초점은 언향
적 의미인 의문적 의미에 있으나, 청자의 수행 초점은 언어외적
요소를 언어적 의미에 반영한 명령적 의미에 있다. 화자가 연상이
고 예의적인 요소가 수행에 반영될 조건, 즉 청자는 부모님보다는
상사일 경우에 예의적인 요소를 더욱 반영하고, 동기간보다는 부
모님에게 더 예의적인 요소를 언어적 의미에 반영한다.

　화자가 연하일 경우에 청자는 부하이든, 후배이든, 동기간이든,
연하이든, 언어적 의미인 의문적 의미로 많은 수행을 한다. 화자가
연하일 경우에 청자는 수행에 있어서 언어외적 요소를 반영하기보
다는 언어적 의미대로 소극적인 수행을 한다.

　청자의 연령이 적을수록 언어적 의미로 수행을 하는 비율이 높
고, 청자의 연령이 많을수록 언어적 의미와 다르게 수행을 하는
비율이 높다. 이것은 기본적으로 청자의 연령이 적을수록 언어 활
동의 폭이 좁으나, 연령이 많을수록 언어 활동의 폭이 넓기 때문
에 청자가 언어적 의미뿐만 아니라 언어외적 의미까지 파악할 수
있는 능력이 높기 때문이다.

　발화에 대해서 청자가 수행하는데 반영하는 언어외적 요소 중에
서 기본적인 요소는 화자와 청자의 사회적 관계이다. 화자와 청자
의 사회적 관계가 기본 요소로 다른 언어외적 요소들과 함께 청자
의 수행에 반영이 된다.

위에서 화자와 청자의 사회적 관계를 세분하여 발화에 대한 청자의 반응을 조사하였으나, 청자가 관계에 따라 반응하는 비율은 다소 다르나, 청자의 수행 초점은 발화 초점과 다르지 않았다. 그러므로 세부 관계에 따른 청자의 수행은 의미 없는 것으로 볼 수 있다. 따라서 이러한 언어외적 요소들은 발화의 초점과 청자의 수행 초점이 일치하는지의 조사에서 제외한다.

3. 언어외적 요소와 청자 수행

발화에 대해서 청자가 수행을 할 때, 영향을 미치는 요소 중에서 화자와 청자의 사회적 관계가 기본 요소이다. 그리고 청자의 이익, 화자의 이익, 화자와 청자의 친분성, 청자의 감정, 화자의 표정, 발화에 대한 청자의 수용력, 발화의 상황성 등이 언어외적 요소이다. 화자와 청자의 사회적 관계와 다른 언어외적 요소들이 함께 언어적 의미에 반영되어 청자 수행에 영향을 끼치는 정도성은 어떤지 분석한다. 그리고 언어외적 요소 중에서 화자의 성격, 발화의 방법, 발성의 정도성, 화자의 몸짓, 화자의 외모 등은 청자가 수행하는데 크게 영향을 끼치지 않는다. 청자 수행에서 언어외적 요소를 반영하는 비율이 적다는 것은, 화자의 발화 초점과 청자의 수행 초점이 크게 다르지 않다는 것이다. 따라서 청자의 수행 초점에 영향력을 끼치지 못하는 언어외적 요소를 수행에 반영하여, 발화의 초점과 수행 초점의 일치를 조사하는 것은 의미 있는 것이 아니다. 따라서 이러한 언어외적 요소들은 발화에 반영하여 발화의 초점과 청자의 수행 초점이 일치하는지의 조사에서 제외한다.

1) 청자의 이익

　청자의 이익에 따라서 청자가 수행을 할 때의 초점은 발화의 초점과 달라진다. 화자와 청자의 사회적 관계라는 기본적 언어외적 요소와 청자의 이익이 청자 수행에 함께 반영된다. 청자가 일반인일 경우에 청자 자신의 이익에 따라서 언어적 의미와 청자의 수행은 달라진다. (식사시간이 되어 청자에게), "이안(이안씨)아 시장하다(시장합니다)."라는 발화에 대하여 화자가 연상이고 발화가 청자에게 이익이 있을 때, 언어적 의미와 언향적인 의미는 달라진다. 화자가 연상이고 청자는 발화가 자신에게 이익이 될 경우에 언어적 의미가 평서적 의미라도 언향적 의미인 명령적 의미나 청유적 의미로 적극적인 수행을 한다. 발화의 평서적 의미에 대해서 청자가 청유적 의미로 수행하는 것은 화자가 자신보다 연상이라는 언어외적 요소에 의해서 이루어진 결과이지만, 자신의 이익을 위해서 적극적인 수행을 한 결과이다.

<표 3> 청자의 이익에 따른 수행률

청자의 이익	화자	반응수	조건: 식사시간이 되어					
			발화: 이안아(이안씨) 시장하다(시장합니다).(평서문)					
			이안아 (이안씨) 시장하다 (시장합니다).(평서)	이안아 (이안씨) 식사하러 가자 (가시지요). (청유)	이안아 (이안씨) 식사를 하여라 (하시오). (명령)	이안아 (이안씨) 시장하니 (시장합니까) ?(의문)	기타	청자 수행 초점

있	연상	인 원	4	146	659	67	7	명령
		백분율	0.5	16.5	74.6	7.6	0.8	
	친구	인 원	228	469	25	150	11	청유
		백분율	25.8	53.1	2.8	17	1.2	
음	연하	인 원	104	461	42	267	9	청유
		백분율	11.8	52.2	4.8	30.2	1	
없	연상	인 원	36	345	357	129	16	명령
		백분율	4.1	39.1	40.4	14.6	1.8	
	친구	인 원	12	603	87	166	15	청유
		백분율	1.4	68.3	9.9	18.8	1.7	
음	연하	인 원	261	323	5	267	27	청유
		백분율	29.6	36.6	0.6	30.2	3.1	

　화자가 연상이고 발화가 청자 자신에게 이익이 있다면, 언어적 의미가 평서적 의미라도 언향적 의미인 명령적 의미로 많은 수행을 한다. 그리고 발화가 청자에게 이익이 없을 경우에도 청유적 의미나 명령적 의미로 수행을 한다. 청자가 명령적 의미로 수행하는 것은 화자가 자신보다 연상이라는 언어외적 요소에 의해서 수행한 결과이다. 즉 화자가 청자 자신과 직접적인 관계이므로 화자의 발화에 대해서 청자 자신에게 이익이 없다고 소극적인 수행을 할 경우, 자신에게 미치는 영향을 생각하지 않을 수 없다고 생각한 것이다. 즉 언어적 의미는 평서적 의미이지만 청자는 수행을 요구하는 의미로 이해한다. 따라서 화자의 발화를 명령적 의미로 적극적인 수행을 한 결과로 보여진다. 그러나 청자가 이익이 없을 경우에 청유적 의미로 수행하는 비율은 높다. 이것은 자신에게 이익이 되지 않을 경우 화자와의 관계를 반영하여 수행을 하므로 언어적 의미보다는 적극적인 수행이지만, 명령적 의미보다는 수행율이 낮다.

　화자가 친구일 경우에도 청자의 수행은 자신의 이익과 매우 밀접한 관련을 가지고 있다. 화자가 친구이고 발화가 청자 자신에게 이익이 된다면, 언어적 의미인 평서적 의미를 청유적인 의미로 수행을 한다. 발화가 청자에게 이익이 되지 않아도 청유적 의미로 더 많은 수행을 한다. 청자가 친구일 경우에 자신에게 이익이 있거나, 없어도 적극적인 수행을 한다. 청자에게 이익이 있다면 청유적 의미로 적극적인 수행을 하는 것은 당연하다. 청자 자신에게 이익이 없을 경우에도 청유적 의미로 적극적인 수행을 하는 것은 화자와의 관계가 친구인 것이 큰 영향을 끼쳤을 것으로 보여진다. 청자는 언어적 의미를 청유적 의미인 나와 같이 식사를 하자는 의미로 이해를 한다. 따라서 청자가 청유적 의미로 수행을 한 결과이다.

화자가 연하이고 발화가 청자 자신에게 이익이 된다면 청자는 자신에게 유리한 방향으로 수행을 한다. 화자가 연하일지라도 발화가 청자 자신에게 이익이 된다면, 언어외적 요소를 언어적 의미에 반영한 의미로 수행을 한다. 화자가 연하일 경우에 청자는 판단하기에 화자가 청자인 나에게 식사를 같이 하자는 발화는 하지 못해도 같이 하자는 의미를 내포하고 있다고 보는 것이다. 따라서 청자는 청유적 의미로 수행을 한다. 그러나 청자 자신에게 이익이 없다면 적극적인 수행을 하지 않게 된다.

화자의 발화가 청자에게 이익이 되어도 청자가 연상일 때와 그렇지 않을 때의 청자 수행은 다르다. 이것은 청자가 자신의 이익과 함께 화자와의 사회적 관계를 고려하여서 수행을 하기 때문이다. 사람은 대체로 자신의 이익에 민감하다. 따라서 이러한 민감한 것이 언어 생활과 관련되어 나타난다. 화자의 발화가 청자 자신에게 이익이 없다면, 청자는 화자의 발화대로 수행해야 한다는 생각을 항상 하지 않지만, 화자와 사회적인 관계를 고려하고 있으므로 수행에 적극적이 될 수 있다. 그러나 청자 자신에게 이익이 된다면 화자와 자신과의 사회적인 관계를 생각하지 않아 화자의 발화대로 수행을 한다. 청자는 자신의 이익을 중시하면서도, 항상 화자와의 사회적 관계를 관련시키고 있다. 대부분의 청자는 화자의 발화가 자신에게 이익이 되면 적극적으로 수행을 한다.

2) 화자의 이익

발화가 화자의 이익에 관계되어도 청자가 수행하는 초점은 언어적 의미와 다르다. 화자와 청자의 사회적 관계라는 기본적인 언어외적 요소와 화자의 이익이 청자 수행에 함께 반영이 된다. 이것은 청자가 언어 생활을 자신의 중심으로의 수행뿐만 아니라 화자도 중심에 두고 있다. 따라서 청자가 연령이 높은 일반인일 경우에는 언어 활동의 폭이 넓다는 것을 알 수 있다. (식사시간이 되어) "이안(이안씨)아 시장하다(시장합니다)."라는 발화에 대하여 화자가 연상이고, 화자의 이익에 따라서도 언어적 의미와 청자 수행은 달라진다.

<표 4> 화자의 이익에 따른 청자 수행률

화자이익 이익	화자	반응수	조건: 식사 시간이 되어					
			발화: 이안아(이안씨) 시장하다(시장합니다).(평서문)					
			이안아 (이안씨) 시장하다 (시장합 니다) (평서)	이안아 (이안씨) 식사하러 가자 (가시지요). (청유)	이안아 (이안씨) 식사를 하여라 (하시오). (명령)	이안이 (이안씨) 시장합니 (시장합니 까)?(의문)	기 타	청자 수행 초점

있음	연상	인 원	51	96	694	38	4	명령
		백분율	5.8	10.9	78.6	4.3	0.5	
	친구	인 원	94	619	37	124	9	청유
		백분율	10.6	70.1	4.2	14	1	
	연하	인 원	183	641	21	25	13	청유
		백분율	20.7	72.6	2.4	2.8	1.5	
없음	연상	인 원	113	227	494	44	5	명령
		백분율	12.8	25.7	55.9	5	0.6	
	친구	인 원	294	539	13	27	10	청유
		백분율	33.3	61	1.5	3.1	1.1	
	연하	인 원	57	696	9	107	14	청유
		백분율	6.5	78.8	1	12.1	1.6	

발화가 화자에게 이익이 된다면 언어적 의미가 평서적 의미라도 언향적 의미인 명령적 의미로 수행을 한다. 그러나 화자가 연상이라도 발화가 화자에게 이익이 되지 않으면 청자 수행은 달라진다. 발화가 화자에게 이익이 없을 경우에 청자는 청유적 의미로 수행하는 비율이 높으므로 화자의 이익도 고려하고 있다.

연령이 많은 청자는 자신의 이익뿐만 아니라 화자의 이익도 생각한다. 즉 일반인인 청자는 다른 사람과의 관계에서 자신만의 이익만을 생각하고, 화자의 이익을 고려하지 않고는 원만한 인간관계를 가질 수 없다는 것을 알고 있기 때문이다. 따라서 청자는 자신이 원하든 원하지 않든 화자의 이익을 자신의 이익과 같거나, 비슷한 정도로 반영하여 수행을 한다.

화자가 친구일 경우에도 청자 수행은 화자의 이익과 매우 밀접한 관련을 가지고 있다. 화자가 친구이고 발화가 화자에게 이익이 된다면, 언어적 의미가 평서적 의미라도 청자는 언향적 의미인 청유적인 의미로 많은 수행을 한다. 발화가 화자에게 이익이 되지 않으면 언어외적 요소를 청자는 수행에 많이 반영하지 않고 있다.

화자가 연하이고 발화가 평서적 의미라도 화자에게 이익이 된다
면, 청자는 평서적 의미보다도 청유적 의미로 더많은 수행을 한다.
  청자가 일반인이라면 화자가 연하이라도 화자의 이익을 무시하
지 않는다. 사회생활에서는 인간관계가 중요한 것은 연상뿐만 아
니라 연하나 친구 관계에서도 그러하다. 화자가 친구나 연하이라
도 화자의 이익을 위해서 적극적인 수행을 하는 것이 화자와의 원
만한 관계를 가질 수 있기 때문이다.

3) 화자와의 친분성

  화자와의 친분성도 청자가 수행하는데 영향을 끼치므로 수행 초
점과 발화의 초점은 다르다. 화자와 청자의 사회적 관계라는 기본
적 언어외적 요소와 화자와의 친분성이 청자의 수행에 함께 반영
이 된다.

〈표 5〉 화자와 청자의 친분성에 따른 수행률

친분성	화자	반응수	조건: 어디를 가려고 할 때 청자에게					
			발화: 이안아(이안씨) 기차가 빠르다(빠릅니다).(평서문)					
			이안아(이안씨) 기차가 빠르다(빠릅니다).(평서)	이안아(이안씨) 기차를 타고 가자(갑시다).(청유)	이안아(이안씨) 기차를 타고 가거라(가시오).(명령)	이안아(이안씨) 기차를 타고 가지 않을래(않겠습니까)?(의문)	기타	청자 수행 초점
친함	연상	인 원	6	128	667	74	8	명령
		백분율	0.7	14.5	75.5	8.4	0.9	
	친구	인 원	6	704	31	127	15	청유
		백분율	0.7	79.7	3.5	14.4	1.7	
	연하	인 원	3	566	14	289	11	청유
		백분율	0.3	64.1	1.6	32.7	1.2	

보통	연상	인 원	5	185	576	97	20	명령
		백분율	0.6	20.1	65.2	11	2.3	
	친구	인 원	2	646	42	174	19	청유
		백분율	0.2	73.2	4.8	19.7	2.2	
	연하	인 원	2	652	19	195	15	청유
		백분율	0.2	73.8	2.2	22.1	1.7	
나쁨	연상	인 원	16	47	730	66	24	명령
		백분율	1.8	5.3	82.7	7.5	2.7	
	친구	인 원	9	571	83	191	29	청유
		백분율	1	64.7	9.4	21.6	3.3	
	연하	인 원	207	457	50	136	33	청유
		백분율	23.4	51.8	5.7	15.4	3.7	

화자가 연상이고 친분성이 좋을 때 화자의 발화 초점은 평서적 의미에 있으나, 청자의 수행 초점은 명령적 의미에 있다. 화자가 연상이고 친분성이 보통일 때는, 화자와 친분성이 좋을 때보다 언향적 의미인 청유적 의미로 청자가 수행하는 비율이 높아진다. 화자와 친분성이 좋지 않을 때 청자의 수행 초점은 명령적 의미에 있다. 화자가 연상이고 친분성이 좋지 않아도 청자는 언어적 의미보다는, 언어외적 요소를 언어적 의미에 반영한 언향적 의미로 수행하는 비율이 높아진다.

화자가 연상일 경우에는 친분성에 상관없이 언어적 의미보다는 적극적으로 수행을 한다. 청자는 화자와 친분성이 있다면 마음에 흡족하여 화자를 위한 당연한 해야 한다는 마음으로 수행을 하므로 청자 자신의 의지에 의한 수행이다. 그러나 화자와 친분성이 없다면 발화에 대한 적극적인 수행이라 할지라도 화자를 위해서 당연히 해야 하는 수행이 아니므로 자신의 의지와 다른 적극적인 수행으로 볼 수 있다.

화자와 친구이고 친분성이 좋을 때 청자는 언향적 의미인 청유적 의미로 많은 수행을 한다. 화자가 친구이고 친분성이 보통일 때 청자는 언어외적 요소를 반영한 청유적 의미로 수행을 한다.
화자가 친구이고 친분성이 좋지 않을 때 언향적인 의미인 청유적
의미로 수행하는 비율은 낮아지고, 언향적 의미인 의문적 의미로
수행하는 비율은 높아진다. 화자가 친구일 때 발화 초점은 평서적
의미에 있으나, 청자의 수행 초점은 언어외적 요소를 언어적 의미
에 반영한 청유적 의미에 있다. 그리고 화자가 친구이고 친분성이
낮으면 청자는 청유적 의미로 수행하는 비율이 낮아지고, 평서적
의미로 수행하는 비율은 높아진다.

　화자가 친구일 경우에 청자는 언어적 의미보다 더 적극적인 수
행을 한다. 화자와 친분성이 좋은 친구일 경우에는 청자가 도와주
고 싶은 마음의 정도성이 크기 때문에 적극적인 수행을 한다. 그
러나 친분성이 약하면 소극적인 수행을 한다. 화자와 친분성의 정
도가 적기 때문에 청자가 도와주고 싶은 마음의 정도성은 적다.
따라서 청자는 친한 친구에 비해서 소극적인 수행을 한다.

　화자가 연하이고 친분성이 좋을 때 청자의 수행 초점은 발화 초
점과 다르게 청유적 의미에 있다. 화자가 친구이고 친분성이 보통
일 경우에 청자는 청유적 의미로 수행하는 비율은 높아진다. 화자
가 연하이고 친분성이 좋을 때보다 친분성이 좋지 않을 때 청자는
평서적 의미로 수행하는 비율이 높고, 청유적 의미나 의문적 의미
로 수행하는 비율은 낮다.

　화자가 연하이고 청자와 친할 경우에는 화자가 친구나 연상일
때와 같이 적극적인 수행을 한다. 그러나 화자와 청자가 친분성이
좋지 않을 경우에는 소극적인 수행을 한다. 이것은 화자가 연상이
나 친구에 비해서 친분성이 낮으므로, 연하인 화자에 발화에 대해
서 청자는 적극적인 마음으로 화자를 이해하지 않기 때문이다. 이
것은 적극적으로 수행을 하지 않아도 청자는 마음의 부담감을 느

끼지 못하기 때문이다.

화자와의 친분성은 청자의 연령에 상관없이 청자가 발화에 적극적인 수행을 하게 된다. 특히 연령이 많은 청자에게 화자가 부탁을 하거나, 또는 청자 자신이 수행하기 어려운 것들도 화자와의 친분성에 의해서 적극적인 수행을 한다. 이 친분성에 의해서 화자와 청자가 서로 적극적으로 발화를 하고, 적극적으로 수행을 한다. 이와 반대로 화자와 청자 사이에 친분성이 덜하다면 적극적으로 발화와 수행을 하기 어렵다.

4) 화자의 표정

화자의 표정은 청자가 수행하는데 영향을 끼치므로 발화의 초점과 청자의 수행 초점은 달라진다. 화자와 청자의 사회적 관계라는 기본적인 언어외적 요소와 화자의 표정이 청자의 수행 초점에 함께 반영이 된다.

〈표 6〉 화자의 표정에 따른 청자 수행률

화자의 표정	화자	반응수	조건: 놀고 있는 청자에게					청자 수행 초점
			발화: 이안아(이안씨) 집으로 가자(갑시다).(청유)					
			이안아 (이안씨) 늦었다 (늦었습니다).(평서)	이안아 (이안씨) 집으로 가자(갑시다).(청유)	이안아 (이안씨) 집으로 가거라(가시오).(명령)	이안아 (이안씨) 많이 놀았니 (놀았습니까)?(의문)	기타	
부드러움	연상	인 원	43	87	717	27	9	명령
		백분율	4.7	9.9	81.2	30.6	1	
	친구	인 원	26	786	43	15	13	청유
		백분율	2.9	89	4.9	1.7	1.5	
	연하	인 원	49	801	18	8	7	청유
		백분율	5.5	90.7	2	0.9	0.8	

보통	연상	인 원	48	56	734	29	16	명령
		백분율	5.4	6.3	83.1	3.3	1.8	
	친구	인 원	31	758	52	18	24	청유
		백분율	3.5	85.8	5.9	2	2.7	
	연하	인 원	43	735	46	20	39	청유
		백분율	4.9	83.2	5.2	2.3	4.4	
나쁨	연상	인 원	65	69	694	34	21	명령
		백분율	7.4	7.8	78.6	3.9	2.4	
	친구	인 원	47	634	143	23	36	청유
		백분율	5.3	71.8	16.2	2.6	4.1	
	연하	인 원	6	765	57	27	28	청유
		백분율	0.7	86.6	6.5	30.6	3.2	

　화자가 연상이라도 화자의 표정이 부드럽다면, 청자가 언어적 의미인 청유적 의미보다는 언향적 의미인 명령적 의미로 수행을 한다. 화자가 연상이고 표정이 좋지 않을 경우에 청자는 언향적 의미인 명령적 의미로 더 많은 수행을 한다. 화자가 연상일 경우 청자는 언어적 의미에 화자의 표정을 반영하여 수행을 한다. 화자가 연상이고 화자의 표정이 좋을 때, 청자는 언어적 의미인 청유적 의미보다는 언향적 의미인 명령적 의미로 수행하는 비율이 높다. 따라서 화자의 발화 초점은 청유적 의미에 있으나 청자의 수행 초점은 명령적 의미에 있다.

　화자가 연상일 경우에는 화자의 표정에 의해서 수행하는 초점이 크게 달라지지 않는 것은, 화자가 연상이라는 기본적인 관계에 의해서 청자가 수행을 하기 때문이다. 청자가 일반인이고 화자의 표성이 좋을 경우에는 화자의 부탁이라 할지라도 청자는 거절할 수 없으므로, 청자가 오히려 더 적극적인 수행을 한 것으로 볼 수 있다. 그러나 화자의 표정이 나쁠 경우에 명령적 의미로 적극적인 수행을 하기도 한다. 청자가 적극적으로 수행을 하는 것은 화자의 표정이 좋지 않기 때문에, 청자가 적극적으로 수행하지 않으면 화자로부터 질책을 받을 것 같은 부담을 갖기 때문일 것이다.

화자가 친구, 연하이고 표정이 표정이 좋을 때는 화자의 발화 초점과 청자의 수행 초점은 청유적 의미에 있다. 화자가 친구, 연하이고 표정이 좋지 않을수록 청자가 언어적 의미로 수행하는 비율은 낮아지고, 언향적 의미인 명령적 의미로 수행하는 비율은 높아진다. 화자가 친구, 연하일 경우에 화자의 발화 초점은 청유적 의미에 있고, 청자의 수행 초점도 청유적 의미에 있다. 화자가 청자와 친구이거나, 연하일 경우에 청자에게 명령을 할 수 없다는 것이 기본적인 전제가 된다. 따라서 화자가 친구이거나 연하이면 화자의 표정에 관계없이 청자는 언어적 의미로 수행을 한다.

화자의 표정은 대체로 겉으로 드러나므로 청자의 연령이 많은 청자는 쉽게 파악을 한다. 화자의 표정이 부드럽다면 대체로 청자는 적극적인 수행을 하지 않으나, 화자의 표정이 부드럽지 않다면 청자는 좀더 적극적으로 수행을 한다. 그러나 화자가 친구이거나 연하이면 청자는 화자의 표정에 크게 영향을 받지 않는다.

5) 청자의 감정

발화에 대해서 청자가 수행을 할 때 청자의 감정에 의해서도 발화의 초점과 수행의 초점은 다르다. 화자와 청자의 사회적 관계라는 기본적인 언어외적 요소와 화자의 표정이 함께 청자 수행에 반영이 되어 발화 초점과 수행 초점이 다르다.

연령이 많아지면 청자 자신의 감정에 의해서 수행하는 경향이 많지 않다. 청자가 연령이 낮을수록 감정의 변화를 숨기지 못하고 감정대로 수행하는 경향이 있지만, 청자의 연령이 많을수록 자신의 감정을 숨기고 수행을 한다. 청자의 감정이 좋으면 언어적 의미보다 적극적으로 수행을 하는 경향이 크고, 청자의 감정이 나쁠수록 언어적 의미보다는 언향적 의미(소극적 의미)로 수행하는 비율이 높다. 화자가 연상이고 청자의 감정이 좋을 때, 대체로 언어적 의미로 수행을 하기보다는 언어외적 요소를 반영하여 수행하는 비율이 높다.

〈표 7〉 청자의 감정에 따른 수행률

청자의 감정	화자	반응수	조건: 화자가 그 책을 읽고 싶어하는 것을 청자가 알고 있을때					청자 수행 초점
			발화: 이안아(이안씨)그 책은 재미 있느냐?(의문문)					
			이안아 (이안씨) 그 책은 재미있다(있습니다). (평서)	이안아 (이안씨) 그 책을 빌려 주었으면 좋겠다 (주십시오). (청유)	이안아 (이안시) 그 책을 빌려 다오 (주시오). (명령)	이안아 (이안씨) 그 책은 재미 있느냐 (있습니까) ? (의문)	기타	
좋음	연상	인 원	4	538	196	124	21	청유
		백분율	0.5	60.9	22.2	14	2.4	
	친구	인 원	1	591	41	236	14	청유
		백분율	0.1	66.9	4.6	26.7	1.6	
	연하	인 원	3	319	19	525	17	의문
		백분율	0.3	36.1	2.2	59.5	1.9	
보통	연상	인 원	6	479	187	193	18	청유
		백분율	0.7	54.2	21.2	21.9	2	
	친구	인 원	2	328	52	494	7	의문
		백분율	0.2	37.1	5.9	55.9	0.8	
	연하	인 원		201	27	651	4	의문
		백분율		22.8	3.1	73.7	0.5	

나쁨							
	연상	인 원	4	186	641	43	9	명령
		백분율	0.5	21.1	72.6	4.9	1	
	친구	인 원	8	596	126	145	8	청유
		백분율	0.9	67.5	14.3	16.4	0.9	
	연하	인 원	7	369	39	458	10	의문
		백분율	0.8	41.8	4.2	51.9	1.1	

　화자가 연상이고 청자의 감정이 좋지 않을 때, 언향적 의미인 명령적 의미로 수행하는 비율이 높다. 화자가 연상이고 청자의 감정이 좋을 때나 보통일 때는 의문적 의미로 많은 수행을 한다.

　사람은 감정이 좋다면 대체로 모든 일에 대해서 관대해지고 적극적으로 수용하지만, 이와 반대로 청자의 감정이 좋지 않다면 화자가 연상이라도 발화에 대해서도 좋지 않은 감정을 가지지 않지만 적극적이다. 그러나 이 적극적인 수행은 자신의 감정과 대립되는 수행이다. 즉 청자 자신에게는 마음에 흡족하지 않지만 화자의 발화를 마치 자신에게 하는 명령으로 받아들인다. 청자는 화자인 연상의 요구를 거절할 수 없기 때문에 이에 맞게 수행하므로 적극적인 수행으로 나타난다. 그러므로 이 때의 적극적인 수행은 청자 자신의 의지와 다른 의미의 적극성이다.

　화자가 친구이고 청자의 감정이 보통일 경우에 감정이 좋을 때보다, 언어적 의미로 수행하는 비율이 높다. 화자가 친구이고 청자의 감정이 좋지 않을 때에도 언어적 의미로 수행하는 비율은 높아진다. 그러나 화자가 친구일 경우에 청자는 언어외적 요소를 언어적 의미에 반영한, 언향적 의미인 청유적 의미로 수행하는 비율은 높다.

　화자가 연하이고 청자의 감정이 좋을 때, 청자가 언어적 의미인 의문적 의미로 수행하는 비율이 높다. 화자가 연하이고 청자의 감정이 보통일 경우에도 언어적 의미로 수행하는 비율이 높아지고, 언향적 의미인 청유적 의미로 수행하는 비율은 낮아진다. 화자가 연하이고 청자의 감정이 좋지 않을 경우에 언어적 의미로 수행하는 비율은 낮아진다.

　화자가 친구나 연하일 경우에도 청자는 자신의 감정을 화자가 연상일 때보다 수행에 반영하고 있다. 화자가 연상일 경우에는 자신의 감정대로 수행하기가 어렵지만, 화자가 연하나 친구이면 자신의 감정을 수행에 적극적으로 반영할 수 있다. 따라서 위의 결과에서도 알 수 있듯이 자신의 감정을 수행에 적극적으로 반영한다.

　청자의 감정에 의해서만 청자의 수행 초점이 달라지는 것이 아니라, 화자와 청자와의 관계가 기본 요소로 함께 반영이 되어 청자 수행에 영향을 끼친다. 청자의 감정은 드러내지 않지만 자신이 화자의 발화를 수행하는데 있어서는 영향을 미치고 있다. 화자의 연령이 많은 청자는 자신의 감정을 감추기도 하지만, 화자의 연령이 낮으면 자신의 감정을 숨기기가 어렵다. 연령이 많은 청자는 화자의 발화에 대해서, 자신의 감정이 좋을 때는 적극적인 수행을 하지만, 자신의 감정이 좋지 않을 때에는 소극적으로 수행을 한다.

6) 발화 수용력

　발화에 대해서 청자가 수행을 할 때 자신의 수용력이 언어적 의미에 반영이 된다면, 발화의 초점과 수행의 초점은 달라진다. 화자와 청자의 사회적 관계라는 기본적인 언어외적 요소와 발화에 대한 청자 수용력과 함께, 청자의 수행 반영이 되므로 발화 초점과 수행 초점은 달라진다.

청자가 발화에 대해서 수용 능력이 있느냐, 없느냐에 따라서 언어적 의미와 청자의 수행 초점은 다르다. 집으로 돌아가는 청자에게 화자가 "이안아(이안씨) 내일 일찍 오도록 하자(좋겠습니다)."라는 발화에 대해서 청자 자신의 수용력에 따라서 언어적 의미인 청유적 의미로 수행을 하기도 한다. 그리고 언어외적 요소를 언어적 의미에 반영한 언향적 의미인 명령적 의미로 수행을 하기도 한다.

<표 8> 발화 수용력에 따른 청자 수행률

발화수용력	화자	반응수	조건: 일을 하는 청자에게					
			발화: 이안아(이안씨) 우리 내일 일찍 오도록 하자(오시면 좋겠습니다).(청유문)					
			이안아(이안씨) 내일 바쁘다(바쁩니다).(평서)	이안아(이안씨) 우리 내일 일찍 오자(오시면 좋겠습니다).(청유)	이안아(이안씨) 내일 일을 하여라(하시오).(명령)	이안아(이안씨) 내일 일을 하면 어떻니(어떻습니까)?(의문)	기타	청자 수행 초점
있음	연상	인원	44	415	337	79	8	청유
		백분율	5	47	38.2	8.9	0.9	
	친구	인원	100	584	63	129	7	청유
		백분율	11.3	66.1	7.1	14.6	0.8	
	연하	인원	147	596	57	76	7	청유
		백분율	16.6	67.5	6.5	8.6	0.8	
없음	연상	인원	78	224	458	97	26	명령
		백분율	8.8	25.4	51.9	11	2.9	
	친구	인원	98	594	45	123	23	청유
		백분율	11.1	67.3	5.1	13.9	2.6	
	연하	인원	38	643	79	88	35	청유
		백분율	4.3	72.9	8.9	10	4	

화자가 연상이고 청자가 수용력이 있을 때 언어적 의미인 청유적 의미로 수행을 한다. 발화에 대한 수용력이 청자에게 있을 때 화자의 발화 초점과 청자의 수행 초점은 청유적 의미에 있고, 발화에 대한 수용력이 청자에게 없을 때 청자의 수행 초점은 명령적 의미에 있다.

화자의 발화를 받아들일 수 있는 청자의 능력은, 청자로 하여금 여유를 가지고 발화에 적극적인 수행을 할 수 있게 한다. 청자의 수용 능력은 자신이 할 수 있다는 자신감에서 오는 것이므로 수행에 적극성을 가지게 된다. 위의 결과에서도 알 수 있듯이 화자가 연상이라도 청자가 수용 능력이 있다면 적극적으로 화자의 발화에 수행을 한다. 그러나 발화에 대한 수용 능력이 없다면 수행에 자신감이 결여된다. 따라서 화자의 발화가 부담이 되고, 청유적인 발화를 명령으로 받아들여서 적극적인 수행보다는 어쩔 수 없는 상황에서 수행을 한다. 그러므로 이때의 적극적인 수행은 청자의 의지와 다른 적극적인 수행이다.

화자와 친구나 연하이고 청자가 수용력이 있을 때, 언어외적 요소를 반영한 언향적 의미보다는 언어적 의미로 수행을 한다. 화자가 친구나 연하이고 청자가 수용력이 없을 때에도 수용력이 있을 때와 비슷한 수행률을 나타낸다. 화자와 친구나 연하일 경우에 청자의 수행 초점은 자신의 수용력에 관계없이 청유적 의미에 있다.

화자가 친구이거나 연하일 때 수행은 연상일 때보다 적극적이지 못한 것은, 청자의 수용 능력이 언어외적 요소로서 작용을 하지만, 화자와 청자의 사회적 관계가 기본 요소로 더 작용하기 때문이다. 화자가 친구나 연하일 경우에는 청자가 수용하는 능력에 상관없이 언어적 의미로 수행하는 것은, 화자인 친구의 발화에 대해서 청자 자신의 수행의 여부에 큰 부담감을 가지지 않기 때문인 것으로 볼 수 있다.

청자가 화자의 발화에 대해서 자신이 수용할 수 있다면 수행에 있어서도 적극적이지만, 수용할 수 있는 능력이 없다면 청자는 수행에 있어서도 적극적이지 못하다. 이러한 청자의 수용력은 언어적 측면에서만 나타나는 것이 아니라, 자신에게 주어진 것들에 대해서도 마찬가지다. 자신이 할 수 있는 능력이 있으면 적극적으로 그 일을 하게 되고, 자신의 능력으로 할 수 없는 부분이라면 적극성을 가지지 않는 것이 인간의 기본적인 생각이다.

7] 발화 상황

발화 상황에 따라서도 청자가 수행하는 초점은 언어적 의미와 다르다. 화자와 청자의 사회적 관계라는 기본적인 언어외적 요소와 발화 상황이 함께 청자가 수행하는데 영향을 끼치므로 발화 초점과 수행 초점은 달라진다.

청자가 수행을 할 때 발화의 상황성이 반영이 된다면 언어적 의미와 청자의 수행은 다르다. (급하게 가야할 곳이 있을 때 청자에게) 화자가 "이안아(이안씨) 바쁜 일이 있느냐(있습니까)?"라는 발화에 대해서 청자는 발화의 상황성에 따라서 언어적 의미인 의문적 의미로 수행을 하기도 하지만 언어외적 요소를 언어적 의미에 반영하여 언향적 의미인 명령적 의미나, 평서적 의미로 수행을 하기도 한다.

〈표 9〉 발화의 상황에 따른 청자 수행률

| 발화의 상황 | 화자 | 반응수 | 조건: 급히 가야할 곳이 있을 때 | | | | | |
| | | | 발화: 이안아(이안씨) 바쁜 일이 있느냐(있습니까)?(의문문) | | | | | |
			이안아(이안씨) 지금 바쁘다(바쁩니다).(평서)	이안아(이안씨) 같이 가자(같이 갑시다).(청유)	이안아(이안씨) 같이 가거라(가시오).(명령)	이안아(이안씨) 바쁜 일이 있느냐(있습니까)?(의문)	기타	청자 수행 초점
급함	연상	인 원	36	83	651	107	6	명령
		백분율	4.1	9.4	73.7	12.1	0.7	
	친구	인 원	86	367	296	121	13	청유
		백분율	9.7	41.6	33.5	13.7	1.5	
	연하	인 원	83	457	43	295	5	청유
		백분율	9.4	51.8	4.9	33.4	0.6	
급하지 않음	연상	인 원	99	129	460	187	8	명령
		백분율	11.2	14.6	52.1	21.2	0.9	
	친구	인 원	155	312	23	384	9	의문
		백분율	17.6	35.3	2.6	43.5	1	
	연하	인 원	156	279	19	413	16	의문
		백분율	17.7	31.6	2.2	46.8	1.8	

　화자가 연상이고 발화의 상황성이 급하다면 청자가 언어외적 요소를 반영한 언향적 의미인 명령적 의미로 수행을 한다. 화자가 연상이고 발화의 상황이 급하지 않다고 청자가 판단할 때, 언향적 의미인 명령적 의미로 수행하는 비율은 낮아진다. 그러나 수행의 초점은 명령적 의미에 있다.

　청자가 일반인일 경우에는 발화 상황을 파악하여 발화 상황에 따라 수행을 하게 된다. 화자가 연상이고 상황이 급하기 때문에 청자는 언어적 의미가 의문적 의미일지라도 명령적 의미 이상으로 수행을 할 수 있다. 즉 화자가 나에게 일을 해주었으면 좋겠다고 청자가 판단한다. 따라서 청자는 화자의 급한 일을 해 주어야 한다는 생각으로 수행을 하게 된다. 그러나 발화 상황이 급하지 않으면 청자는 화자에 대한 염려를 덜하게 된다. 따라서 수행을 반드시 해야하는 것으로 받아들이지 않는다. 그러므로 청자는 명령적 의미에 수행하는 비율이 다소 낮고, 수행에 적극적이지 못하다.

화자가 친구이고 청자가 판단하여 발화의 상황성이 급하다면, 청자가 언어외적 요소를 반영한 언향적 의미인 청유적 의미로 많은 수행을 한다. 화자가 친구이고 발화 상황이 급하지 않다고 판단할 때 청자가 언어적 의미로 수행하는 비율은 높다. 화자가 친구이고 발화의 상황이 급하다고 판단할 때 청자는 언향적 의미인 청유적 의미에 청자의 수행 초점을 둔다. 그리고 발화의 상황이 급하지 않을 때 청자는 언향적 의미보다는 언어적 의미로 수행을 한다.

화자가 연하이고 발화 상황이 급하다면 청자가 언어적 의미보다는 적극적으로 수행을 한다. 화자가 연하이고 발화 상황이 급하지 않다면 언어적 의미로 수행하는 비율은 증가하고, 청자의 수행 초점도 언어적 의미에 있다.

화자가 친구이거나 연하이고 발화의 상황이 급할 때, 청자가 이해하기를 화자의 발화 상황이 급하므로 나에게 직접적으로 해달라는 말을 못했지만 해주었으면 하는 판단을 하게 된다. 따라서 청자는 적극적인 수행을 한다. 그러나 상황이 급하지 않으면 청자는 적극적으로 수행을 해야 한다는 생각을 하지 않을 수도 있다. 따라서 위의 결과에서도 알 수 있듯이 청자는 상황이 급하지 않으면 화자에 대한 염려를 덜하므로 청자는 수행을 반드시 해야 하는 것으로 받아들이지 않아 수행에 다소 소극적이다. 그러므로 청자는 언어적 의미에 수행하는 비율이 증가된다.

연령이 많은 청자는 화자가 한 발화에 대해서 그 상황을 짐작하여 급한 상황의 발화인지, 급하지 않은 발화인지 판단을 하고 이에 맞게 적극적으로 또는 소극적으로 수행을 한다. 화자의 발화에 대해서 청자가 급한 상황이라고 판단을 하면 수행을 적극적으로 한다. 그러나 화자의 발화가 중요하지 않다고 판단되면 청자는 수행에 있어서 적극성을 가지지 못한다. 발화 상황에 대한 수행은 대체로 연령이 많은 청자에 의해서 받아들이고 있다.

8) 발화 장소

발화 장소가 어디냐에 따라서도 청자가 수행하는 초점은 언어적 의미와 다르다. 화자와 청자의 사회적 관계와 발화 장소가 청자 수행에 영향을 끼치므로 발화 초점과 수행하는 초점은 다르다.

그러나 발화 장소만으로 청자가 수행하는 초점에 반영되기보다, 화자와 청자의 사회적 관계 등 언어외적 요소와 함께 청자에게 반영이 된다. 화자가 연상이고 발화의 장소가 공적일 때, 언어적 의미가 평서적 의미라도 청자는 명령적 의미로 수행을 한다.

<표 10> 발화 장소에 따른 청자 수행률

발화의 장소	화자	반응수	조건: 누구를 책임자로 정할 것인가 의견이 분분할 때					청자 수행 초점
			발화: 이안이(이안씨)가 적합하다(적합합니다).(평서문)					
			이안이(이안씨)가 책임자로 적합하다(합니다).(평서)	이안이(이안씨)를 책임자로 하자(합시다).(청유)	이안이(이안씨)가 책임자로 하여라(하시오).(명령).	이안이(이안씨)가 책임자로는 안되겠니(안되겠습니까)?(의문)	기타	
공적	연상	인 원	129	64	625	59	6	명령
		백분율	14.6	7.2	70.8	6.7	0.7	
	친구	인 원	133	620	27	96	7	청유
		백분율	15.1	70.2	3.1	10.9	0.8	
	연하	인 원	432	357	19	68	7	평서
		백분율	48.9	40.4	2.2	7.7	0.8	
사적	연상	인 원	96	192	573	13	9	명령
		백분율	10.9	21.7	64.9	1.5	1	
	친구	인원	151	542	24	155	11	청유
		백분율	17.1	61.4	2.7	17.6	1.2	
	연하	인 원	196	491	16	162	18	청유
		백분율	22.2	55.6	1.8	18.3	2	

화자가 연상이고 사적인 장소에서의 발화일 경우에 청자가 명령적 의미로 수행하는 비율은 감소하고, 청유적 의미로 수행하는 비율은 증가한다. 화자가 연상일 경우에 화자의 발화 초점은 평서적 의미에 있으나, 발화의 장소에 관계없이 청자의 수행 초점은 명령적 의미에 있다. 화자가 연상이기 때문에 발화의 장소가 청자 수행에 문제가 되지 않는다. 즉 자신과의 관계에 의해서 발화 장소에 영향을 받지 않고 청자는 적극적으로 수행인 명령적 의미로 한다.

화자가 친구이고 공적인 장소의 발화에 대해서 청자는 언어외적 요소를 반영한 청유적 의미로 많은 수행을 한다. 화자가 친구일 경우에 발화 장소에 따른 청자 수행에는 언어적 의미와 차이가 거의 없다. 화자가 친구일 경우에 발화 장소의 공적, 사적 구별없이, 청자가 언어적 의미인 평서적 의미보다는 언향적 의미인 청유적 의미로 수행을 한다. 화자가 친구이기 때문에 발화의 장소가 청자의 수행에 문제가 되지 않는다. 즉 친구라는 인간관계에 의해서 수행을 하게 되는데, 화자가 친구이면 발화 장소보다는 화자와 청자의 관계에 의해서 명령으로 이해하여 수행하지는 않는다.

화자가 연하이고 발화의 장소가 공적일 경우에 청자가 언어적 의미로 수행하는 비율이 높다. 그리고 발화 장소가 사적일 경우에 청자가 언향적 의미인 청유적 의미로 수행하는 비율이 높다.

화자가 연하일 경우에는 화자의 발화 장소가 공적과 사적에 따라 청자 수행의 차이가 있는 것은, 청자가 화자에 대한 관계가 연상이나 친구에 비해서 큰 부담이 되지 않기 때문이다. 앞에서 알 수 있듯이 연하의 발화 장소가 공적일 경우에는 화자와의 인간적인 관계에 큰 부담을 가지지 않는 것으로 생각을 한다. 따라서 언어적 의미대로 수행을 한다. 그러나 사적인 장소에서의 발화에 대해서는 인간적인 관계에 의해서 청자는 수행에 적극적이다. 청자는 화자가 자신에게 직접적으로 부탁을 하기 어렵기 때문에 하는 발화로 보고 적극적으로 수행을 한다.

청자의 여령이 많은 일반일수록 발하의 장소는 수행하는데 영창을 끼치지 않는다. 화자의 발화 장소가 공적인 장소에서의 발화나 사적인 장소에서의 발화에 대해서 비슷한 정도로 수행을 한다. 연령 많은 청자는 발화 장소보다는 화자와 사회적 관계를 고려하여 대체로 적극적으로 수행을 하고 있다.

발화의 상황에 화자와 청자와의 관계, 발화의 장소에 청자의 감정, 발성의 정도성, 화자의 표정, 화자와의 친분성이 더해지면 청자가 언어적 의미보다는 언향적 의미로 이해하고 수행을 한다. 발화의 장소에 의해서만 청자 수행이 달라지는 것이 아니라, 화자와 청자와의 관계가 기본 요소로서 함께 반영하므로 청자수행은 달라진다.

9) 청자의 경험

발화에 대한 청자의 경험에 따라서도 발화 초점과 수행하는 초점이 다르다. 발화에 대한 청자의 경험으로만 수행에 반영되기보다는 화자와 청자의 사회적 관계가 함께 영향을 끼친다. 화자가 연상이고 발화에 대해서 청자가 경험이 있을 때, 언어적 의미가 의문적 의미라도 화자와의 사회적 관계 등, 언어외적 요소를 반영한 명령적 의미로 수행을 한다. 화자가 연상이고 발화에 대해서 청자의 경험이 없다면, 청자가 명령적 의미로 수행하는 비율은 낮아지나 청유적 의미로 수행하는 비율은 높아진다.

〈표 11〉 청자의 경험에 따른 수행률

청자의 경험	화자	반응수	조건: 해야할 일이 급한 것을 청자가 알고 있을 때					
			발화: 이안아(이안씨) 일찍 올 수 있느냐(있습니까)?.(의문문)					
			아안아(이안씨) 오늘은 바쁘다(바쁩니다).(평서)	이안아(이안씨)일찍 오면 좋겠다(오시면 좋겠습니다).(청유)	이안아(이안씨) 일찍 오너라(오시오).(명령)	이안아(이안씨) 일찍 올 수 있느냐(있습니까)?(의문)	기타	청자수행초점

있음	연상	인 원	64	139	612	65	3	명령
		백분율	7.2	15.7	69.3	7.4	0.3	
	친구	인 원	138	511	52	181	1	청유
		백분율	15.6	57.9	5.9	20.5	0.1	
	연하	인 원	94	464	23	294	8	청유
		백분율	10.6	52.5	2.6	33.3	0.9	
없음	연상	인 원	85	196	491	98	13	명령
		백분율	9.6	22.2	55.6	11.1	1.5	
	친구	인 원	182	478	43	171	9	청유
		백분율	20.6	53.1	4.9	19.4	1	
	연하	인 원	217	248	38	359	21	의문
		백분율	24.6	28.1	4.3	40.7	2.4	

　성인은 언어적 경험이나, 사회적인 경험이 많다. 화자가 연상이고 이와 같은 발화에 대해서 청자가 수행을 하였을 경우 자신에게 이익이 있었다면, 청자는 적극적인 방법으로 화자의 발화를 수용한다. 그러나 그러한 경험이 없을 때에는 앞의 결과에서도 알 수 있듯이 청자는 자신의 수행에 대해서 예측을 할 수 없으므로, 경험이 있을 때와 다른 수행을 보이고 있다. 즉 발화에 대한 경험이 청자의 수행에 영향을 끼치고 있음을 알 수 있다.

　화자가 친구이고 발화에 대한 청자의 경험에 의해서 언향적 의미인 청유적 의미로 많은 수행을 한다. 화자가 친구이고 발화에 대해서 청자의 경험이 없다면, 언어적 의미인 평서적 의미보다는 언향적 의미인 청유적 의미로 수행을 한다. 화자가 친구일 경우에는 발화에 대한 청자의 경험이 있든, 없든 수행에는 큰 차이가 없다. 이것은 화자가 친구이기 때문에 청자가 경험이 있든 없든 현재의 인간관계에 의해서 언어적 의미 이상으로 수행을 하기 때문이다.

화자가 연하이고 청자가 발화에 대해서 경험이 있다면, 대체로 언어적 의미인 의문적 의미보다 언향적 의미인 청유적 의미로 수행하는 비율이 높다. 화자가 연하이고 청자가 발화에 대해서 경험이 없다면 청유적 의미로 수행하는 비율은 낮아지고, 평서적 의미나 의문적 의미로 수행하는 비율은 높아진다.

발화에 대한 청자의 경험도 청자가 수행을 하는데 영향을 끼치고 있다. 성인은 언어적 경험이나 사회적인 경험이 많다. 따라서 화자가 발화한 것에 대해서 경험상으로 적극적으로 수행을 할 경우에는 화자와 관계가 좋아졌거나, 또는 자신의 생활에 도움이 될 때 적극적으로 수행을 한다. 그러나 화자가 발화한 것에 대해서 경험상으로 적극적으로 수행을 하였을 경우에도 화자와 관계가 나빠졌거나, 또는 자신의 생활에 도움이 되지 않을 때 소극적으로 수행을 한다.

4. 요 약

이 장은 일반인을 대상으로 발화에 대해서 청자가 수행하는데 반영하는 언어외적 요소와 그 정도성을 알아보았고, 언어외적 요소를 언어적 의미에 반영하여 화자의 발화 초점과 청자의 수행하는 초점이 일치하는지를 밝혔다. 앞에서 논의된 사항을 요약하여 정리하면 다음과 같다.

(1) 일반인 청자가 수행하는데 영향을 끼치는 언어외적 요소들은 또 같은 정도성으로 반영되지 않는다. 청자 수행에 반영되는 요소의 정도성 대로 나열하면 대체로 '화자와 청자와의 관계, 청자의 이익, 화자의 이익, 화자와 청자의 친분성, 화자의 표정, 청자의 감정, 발화에 대한 청자의 수용력, 발화의 상황성, 발화의 장소, 발화에 대한 청

자의 경험' 등이다. 이 요소 중에서 발화에 대한 청자 수행 때 가장 기본이 되는 언어외적 요소는 '화자와 청자와의 관계'이다.

  (2) 청자 수행에 반영하는 기본적인 언어외적 요소인 '화자와 청자와의 사회적 관계'만으로 언표적 의미에 반영되어 화자의 발화 초점과 청자의 수행 초점이 다를 수 있다. 그러나 화자와 청자와의 사회적 관계를 제외한 다른 언어외적 요소만으로는 화자의 발화 초점과 청자의 수행 초점에 크게 영향을 끼치지 못한다. 그러나, 언어외적 요소인 '화자와 청자와의 사회적 관계'가 다른 언어외적 요소들과 함께 반영이 될 때, 발화에 대한 청자의 수행 초점에 영향을 크게 끼친다. 따라서 청자가 일반인일 경우에 발화와 청자 수행과의 관계를 다음과 같이 나타낼 수 있다.

[발화와 청자(일반인) 수행과의 관계]

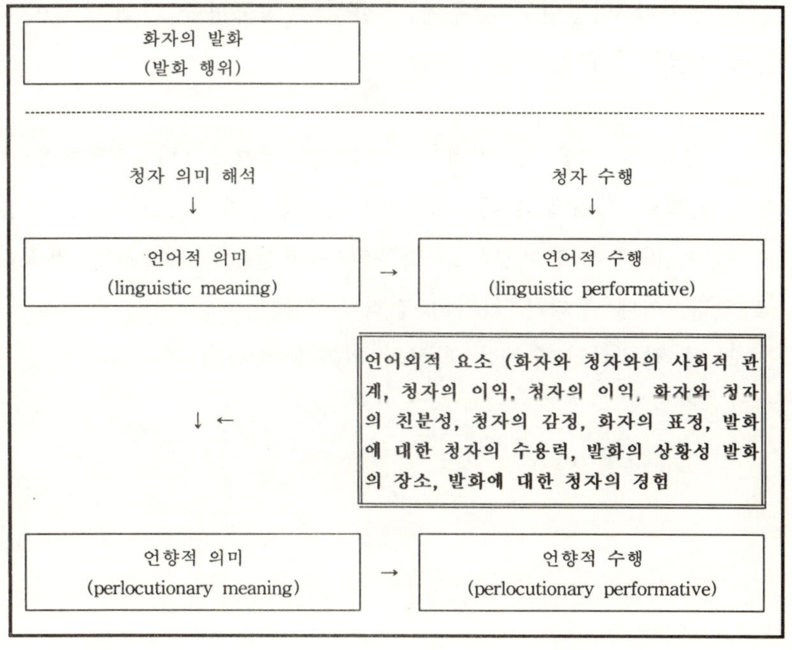

(3) 일반인인 청자는 언어 생활의 폭은 넓으므로 언어 생활에서 청자 자신뿐만 아니라 화자도 중요하게 생각하고 있다. 따라서 청자가 일반일 경우 대학생에 비해서 '청자의 이익, 화자의 이익'을 중요한 언어외적 요소로 보고 있다.

(4) 청자의 연령이 많으면 수행에 반영하는 언어외적 요소는 대학생인 청자와 같이 많고, 연령이 낮을수록 청자 수행에 반영하는 언어외적 요소는 적다. 청자가 언어적 의미로 수행하는데 있어서 초·중·고등학생에 비해서 반영하는 언어외적 요소는 많다. 청자가 일반일 경우에 '발화의 장소, 발화에 대한 청자의 경험'의 언어외적 요소가 청자 수행에 더 반영이 된다.

(5) 청자가 일반인일 경우에는 발성의 정도성을 자신이 수행하는데 반영하지 않는다.

(6) 일반인일 경우에 청자는 화자와의 친분성보다는 청자의 이익과 화자의 이익을 언향적 의미로 수행하는데 중요한 요소로 보고 있다. 따라서 언어생활을 화자의 언어생활도 중요하게 생각하고 있다. 이때 청자는 화자의 발화에 대해서 적극적인 수행을 하는데, 이 적극적인 수행은 자신의 의지에 의해서 이루어지는 수행이다.

Ⅷ. 맺음말

1. 발화와 청자와 언어 수행과의 관계

초등학생·중학생·고등학생·대학생·일반인을 대상으로 하여 발화 초점과 수행 초점이 일치하는지 조사하였다. 이 조사에 의하면 청자 층에 따라 발화의 초점과 수행의 초점이 달라진다는 것을 알 수 있었다. 이것은 반영하는 언어외적 요소들도 다르고, 언어적 의미에 반영되는 언어외적 요소들도 항상 같은 정도성으로 의미 해석과 수행에 반영하는 것이 아니기 때문이다. 청자는 반영하는 언어적 요소와 함께 언어외적 요소의 정도성에 따라서 언어적 의미, 또는 언향적 의미로 이해를 하고, 이에 따른 수행을 하게 된다.

발화에 대한 청자의 수행에 있어서 언어적 요소가 언어외적 요소보다 반영되는 정도성이 높으면 언어적 의미로 이해하고 수행을 한다. 즉 언어적 요소보다 언어외적 요소가 발화에 미치는 영향력이 적기 때문에 언어적 의미를 언향적 의미로 바꾸지 못한다. 따라서 화자의 발화와 같이 이해한 의미(즉 형태가 의문문이면 의문문으로 이해)는 언어적 의미(linguistic meaning)이고, 청자가 화자가 발화한 것같이 이해한 행위, 즉 언어적 의미대로 하는 행위는 언어적 수행(linguistic performative)이다.

그러나 발화에 대한 청자의 수행에 있어서, 청자는 언어적 의미
에 언어외적 요소가 언어적 요소보다 반영되는 정도성이 높으면
언어적 의미로만 이해하지 않는다. 이 때 청자가 이해한 의미는
언향적 의미(perlocutionary meaning)이고, 청자가 언어적 의미와
다르게 이해한 언향적 의미대로 하는 행위는 언향적 수행
(perlocutionary performative)이다.

발화에 대해서 청자가 의미를 해석하여 수행하는데 반영하는 언
어외적 요소는 연령과 개개인에 따라서 다르다. 청자가 초등학생
·중학생·고등학생·대학생·일반인이 언어적 의미를 언향적 의
미로 해석하고 수행하는데 영향을 끼치는 언어외적 요소는 다음과
같다.

청자가 초등학생일 때 반영하는 언어외적 요소는 '화자와 청자
와의 사회적 관계, 청자의 이익, 발성의 정도성, 화자와 청자의 친
분성, 화자의 표정, 청자의 감정, 발화에 대한 청자의 수용력' 등이
다.

청자가 중학생일 때 반영하는 언어외적 요소는 '화자와 청자와
의 사회적 관계, 청자의 이익, 화자와 청자의 친분성, 청자의 감정,
발성의 정도성, 화자의 표정, 발화에 대한 청자의 수용력' 등이다.

청자가 고등학생일 때 반영하는 언어외적 요소는 '화자와 청자
와의 사회적 관계, 화자와 청자의 친분성, 청자의 이익, 청자의 감
정, 화자의 표정, 발화에 대한 청자의 수용력, 화자의 이익, 발성의
정도성' 등이다.

청자가 대학생일 때 반영하는 언어외적 요소는 '화자와 청자와
의 사회적 관계, 화자와 청자의 친분성, 청자의 이익, 화자의 이익,
화자의 표정, 청자의 감정, 발화에 대한 청자의 수용력, 발화의 상

항성, 발화의 장소, 발화에 대한 청자의 경험' 등이다.

청자가 일반일 때 반영하는 언어외적 요소는 개인차에 따라 다르지만 대체로 '화자와 청자와의 사회적 관계, 청자의 이익, 화자의 이익, 화자와 청자의 친분성, 화자의 표정, 청자의 감정, 발화에 대한 청자의 수용력, 발화의 상황성, 발화의 장소, 발화에 대한 청자의 경험' 등이다.

이와 같이 발화에 대해서 청자가 언어적 의미와 다르게 수행하는 것은 언어적 요소와 함께 언어외적 요소 때문이다. 이러한 언어외적 요소는 단일적인 요소보다는 복합적인 요소로 반영되고, 또 청자 개인의 성향에 따라 반영되는 언어외적 요소들의 정도성도 다르다. 청자가 수행하는데 반영하는 언어외적 요소와 그 정도성을 종합하면 다음과 같다.

〈표1〉 [청자가 수행하는데 반영하는 언어외적 요소의 정도성]

순	요 소				
	초등학생	중학생	고등학생	대학생	일반인
1	화자와 청자의 사회적 관계	화자와 청자의 사회적 관계	화자와 청자의 사회적 관계	화자와 청자의 사회적 관계	화자와 청자의 사회적 관계
2	청자의 이익	청자의 이익	화자와의 친분성	화자와의 친분성	청자의 이익
3	발성의 정도성	청자와의 친분성	청자의 이익	청자의 이익	화자의 이익
4	화자와의 친분성	청자의 감정	청자의 감정	화자의 이익	화자와의 친분성
5	화자의 표정	발성의 정도성	화자의 표정	화자의 표정	화자의 표정

6	청자의 감정	화자의 표정	발화에 대한 청자의 수용력	청자의 감정	청자의 감정
7	발화에 대한 청자의 수용력	발화에 대한 청자의 수용력	화자의 이익	발화에 대한 청자의 수용력	발화에 대한 청자의 수용력
8			발성의 정도성	발화의 상황성	발화의 상황성
9				발화의 장소	발화의 장소
10				발화에 대한 청자의 경험	발화에 대한 청자의 경험

청자가 수행에 반영하는데 영향을 주지 않는 언어외적 요소의 정도성이 낮거나, 반영하지 않는 언어외적 요소가 있다. 청자인 초등학생·중학생·고등학생·대학생·일반인이 수행에 반영하는 정도성이 낮아 언어적 의미를 언향적 의미로 해석하거나 수행하는데 영향을 끼치지 않는 언어외적 요소는 다음과 같다

청자가 초등학생일 경우에는 '발화의 장소, 발화에 대한 청자의 경험, 화자의 성격, 발화의 상황성, 발화의 방법, 화자의 이익, 화자의 몸짓, 화자의 외모'는 수행하는데 반영하는 비율은 높지 않다. 청자가 중학생일 경우에는 '발화에 대한 청자의 경험, 발화의 상황성, 발화의 성격, 발화의 장소, 발화의 방법, 화자의 이익, 화자의 몸짓, 화자의 외모'는 수행하는데 반영하는 비율은 높지 않다. 청자가 고등학생일 경우에는 '발화의 상황성, 발화에 대한 청자의 경험, 발화의 장소, 화자의 성격, 발화의 방법, 화자의 몸짓, 화자의 외모'라는 언어외적 요소는 청자가 수행을 할 때 끼치는 영향력은 크지 않다. 청자가 대학생일 경우에는 '화자의 성격, 발성의 정도성, 발화의 방법, 화자의 몸짓, 화자의 외모'라는 언어외

적 요소는 청자가 수행을 할 때 끼치는 영향력은 크지 않다. 청자가 일반인일 경우에는 '화자의 성격, 발화의 방법, 발성의 정도성, 화자의 몸짓, 화자의 외모'라는 언어외적 요소는 청자가 수행을 할 때 끼치는 영향력은 크지 않다. 연령에 따라서 청자수행에 반영하는 언어외적 요소는 다르다. 연령이 낮으면 반영하는 언어외적 요소는 적고 연령이 높으면 반영하는 언어외적 요소는 많다.

　위와　같이　청자(초등학생·중학생·고등학생·대학생·일반인)가 언어적 의미에 반영하는 언어외적 요소의 정도성에 따라 의미해석과 수행은 다르다. 이들의 관계를 그림으로 나타내면 다음과 같다.

[발화와 청자 수행과의 관계]

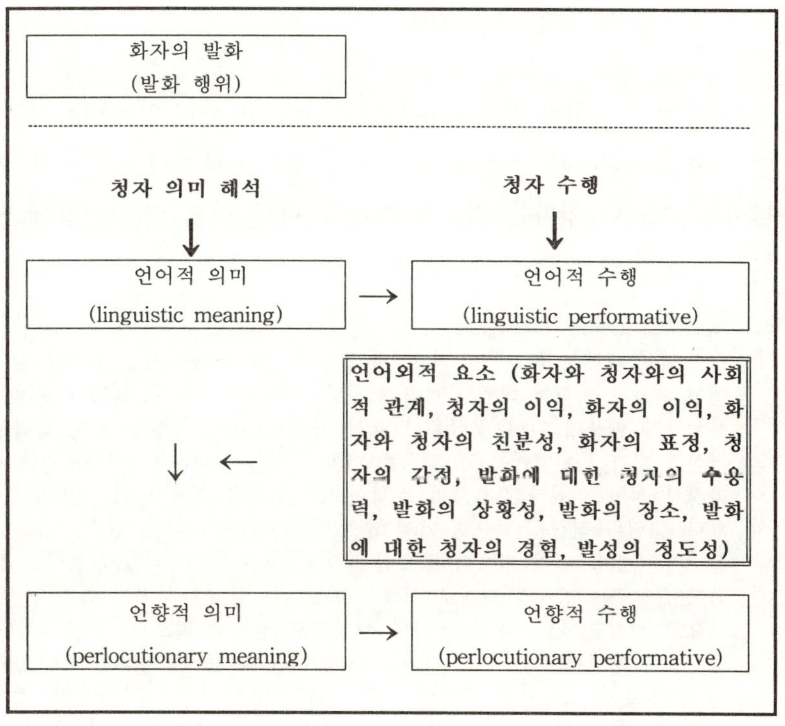

청자가 언어적 의미와 다르게 의미를 해석을 하여 수행하는 것
은 언어적 요소와 함께 언어외적 요소이다. 언어외적 요소는 단일
적인 요소보다는 복합적인 요소로써, 청자 개인의 성향에 따라 반
영되는 언어외적 요소와 그 정도성은 다르다.

발화에 대해서 청자가 이해하여 수행을 할 때, 언어적 의미
(linguistic meaning)와 언어적 수행(linguistic performative), 언향
적 의미(perlocutionary meaning)와 언향적 수행(perlocutionary
performative)은 다음과 같이 나타난다.

   (1) (사무실에서 상사가 부하 직원에게): 청유문
   ㄱ. 이나야 점심을 먹으러 가자.
   ㄴ. 이안아 내일 등산 가자.

(1)는 직장 상사가 부하직원에게 한 발화로 언어적 의미는 청자
인 '이안, 이나'에게 '등산과 점심'하러 갔으면 좋겠다는 청유적 의
미이다. 그러나 청자는 청유적 의미가 아닌 다른 의미(언향적 의
미)로 이해하여 수행을 할 수 있다.28)

---

28) 이 발화에 대해서 확인한 결과 (1)의 경우에 상사가 부드러운 표정일 경우
에는 화자의 발화에 대해서 마음의 부담을 가지지 않았다. 화자의 표정이
부드럽기 때문에 같이 점심을 먹으러 가지 않거나, 등산을 하지 않아도
자신과 화자의 관계에는 큰 영향을 끼치지 않을 것이라는 판단을 하였다.
따라서 청자는 화자의 발화가 부탁이므로 점심을 먹으러 가지 않았다고
한다. 그러나 점심을 먹으려 가지 않았지만 마음에는 다소 부담감으로 작
용하여 점심을 같이 먹으러 갔으면 좋았을 것이라는 생각을 하였다고 한
다(한편으로는 명령적 의미로 이해를 하였다고 한다.). 화자가 화가 난 표
정으로 발화를 할 경우에 청자의 발화대로 점심을 먹으로 가지 않거나,
등산을 가지 않을 경우에는 자신과 화자의 관계에는 큰 영향을 끼칠(관계
가 좋지 않을 것이므로 자신의 신상에 좋지 않은 영향으로 작용될) 것이
라는 판단을 하였다. 따라서 청자는 명령적 의미로 이해하여 적극적인 수

(1ㄱ)의 '이나야 점심을 먹으러 가자'는 언어적 의미는 청유적 의미이다. 상사(화자)가 부드러운 표정으로 발화를 할 경우에 청자인 '이나'는 상사의 발화를 언어적 의미인 청유적 의미로 이해를 하여 같이 점심을 먹으러 가지 않았다. 따라서 화자의 표정이 부드럽다면, 청자는 언어적 의미대로 이해하고, 수행하여 소극적인 수행을 한다. (1ㄱ)의 청유적 의미는 언어적 의미(linguistic meaning)이고 청유적 수행은 언어적 수행(linguistic performative)이다. 그러나 상사가 화가 난 표정으로 발화를 할 경우에 청자인 '이나'는 명령적 의미로 이해하여 점심을 같이 먹으러 갔다. 즉 상사의 발화를 언향적 의미인 명령적 의미로 이해하여 적극적으로 수행하였다. 즉 청자인 '이나'는 상사의 표정에 따라 명령적 의미로 이해를 하고, 명령적 의미로 수행을 한다. (1ㄱ)에서 언어적 의미인 청유적 의미에 언어외적 요소인 '상사, 상사의 화난 표정'을 반영하여 따라서 화자는 언어적 의미인 청유적 의미를 명령적 의미로 이해하여 적극적인 수행을 한다. 그러나 이 때의 적극적인 수행은 청자 자신의 의지에 의한 적극적인 수행이라기보다는, 청자 자신의 의지와 다른 적극적 수행이다. 화자가 이해한 명령적 의미는 언향적 의미(perlocutionary meaning)이고, 명령적 의미로 수행한 것은 언향적 수행(perlocutionary performative)이다. 그러므로 (1ㄱ)에서 '상사'와 '화자의 표정(부드러운 표정, 화난 표정)'이 청자가 수행히는데 빈영되는 인어외직 요소이나.

(1ㄴ)의 '이안아 내일 등산을 가자'는 언어적 의미는 청유적 의미이다. 상사(화자)의 발화가 할 경우에 청자에게 이익이 되지 않으면, 청자인 '이안'이는 상사의 발화를 언어적 의미인 청유적 의

행을 하였다고 한다.

미로 이해를 하여 같이 등산을 가기로 약속하지 않는다. 따라서 화자의 발화가 청자의 이익이 되지 않으면 청자는 언어적 의미대로 이해하고 수행에도 소극적이다. 따라서 (1ㄴ)의 청유적 의미는 언어적 의미(linguistic meaning)이고, 청유적 수행은 언어적 수행(linguistic performative)이다. 그러나 상사의 발화가 청자에게 이익이 되면 청자인 '이안'이는 명령적 의미로 이해하여 등산을 가기로 약속을 한다. 즉 상사의 발화를 언향적 의미인 명령적 의미로 이해하여 적극적으로 수행한다. 청자인 '이안'이는 '상사의 표정'과 '청자 자신의 이익'의 여부에 따라 명령적 의미로 이해를 하고, 명령적 의미로 적극적인 수행을 한다. 이 때의 적극적인 수행은 청자 자신의 의지에 의한 적극적인 수행이라기보다는, 청자 자신의 의지와 다른 적극적 수행이다. (1ㄴ)에서 청자는 언어적 의미인 청유적 의미에 언어외적 요소인 '상사, 청자의 이익 여부'를 반영한다. 따라서 화자는 언어적 의미인 청유적 의미를 명령적 의미로 이해하고, 명령적 의미로 적극적인 수행을 한다. 화자가 이해한 명령적 의미는 언향적 의미(perlocutionary meaning)이고, 명령적 의미로 수행한 것은 언향적 수행(perlocutionary performative)이다.

(1)에서 '상사'와 '화자의 표정(화난 표정), 화자의 이익 여부가' 청자가 수행하는데 반영하는 언어외적 요소이다. 위의 언어적 요소 중에서 청자 수행에 가장 중요한 역할을 하는 요소는 '직장 상사'라는 화자와 청자와의 사회적 관계이다.

이와 같이 언어적 의미를 언향적 의미로 이해하여 수행하는데 영향을 끼치는 언어외적 요소들 중에서 언어적 의미에 하나의 언어적 요소가 영향을 끼치기보다는 여러 요소가 함께 영향을 끼친다. 또 언어적 의미에 반영되는 언어외적 요소는 연령층에 따라 다르고, 어느 직종에 종사하느냐에 따라서도 다르다. 그리고 언어적 의미에 반영되는 언어외적 요소의 정도성도 다르다.

2. 청자의 연령과 언어외적 요인

청자의 연령(많고, 적음)에 따라 화자의 발화 의미를 청자가 이해를 하여 수행하는데 많은 영향을 끼친다. 연령이 적은 청자일수록 언어적 경험이나 사회적인 경험이 적기 때문에 화자의 발화를 이해하고 수행하는데 반영하는 언어외적 요소는 적으나, 청자의 연령이 많을수록 언어적 경험이나 사회적인 경험이 많다. 따라서 청자가 화자의 발화를 이해하고 수행하는데 반영하는 언어외적 요소는 많다. 즉 연령이 많으면 발화에 대한 의미 해석이나 수행에 있어서, 언어적 의미 해석과 수행으로만 되지 않는다는 것을 경험하기 때문이다. 그러나 청자의 연령이 적으면 언어적 의미로만 해석되고 수행되지 않는다는 사실을 충분히 이해할 수 없기 때문에 언어적 의미대로 해석을 하여 수행을 한다.

청자가 초등학생이고(연령이 적고) 화자가 청자보다 연령이 높을 때, 즉 화자가 부모님이나 선생님이면 발화가 평서적, 의문적, 청유적 의미의 발화라도 청자는 명령적 의미로 이해를 하여 수행을 하기 쉽다. 그러나 부모님, 선생님의 평서적 발화에 대해서 청자가 중학생이나, 고등학생의 경우에는 초등학생에 비해서 명령적 의미에 수행하는 비율이 낮아진다. 청자의 연령이 많아질수록(청자가 대학생이나, 일반인일 경우에는) 발화가 평서적 의미라도 언향적 의미인 명령적 의미로 해석을 하여 수행을 하는 비율이 높다. 청자가 초등학생인 경우에는 화자가 부모님이나 선생님이면 거절하고 싶어도 그러한 표현을 하지 못하고 명령적 의미로 수행을 한다. 그러나 청자가 대학생이나 일반인이고, 화자가 선생님, 부모님, 직장 상사의 발화일 경우에는 화자의 청을 거절을 할 수 있는 관계가 아닌 것을 알기 때문이다. 따라서 청자는 언향적 의미인 명령적 의미로 해석하여 수행을 한다. 즉 화자가 연상일 경우에 발화에 대해서 적극적으로 수행을 하지 않는다면, 화자와 청자 사이에 좋은 관계가 지속되지 못할 것으로 판단하므로 적극적인 수행을 한다.

화자가 청자 자신보다 연장자이고(특히 화자가 부모님이고, 청자가 초등학생일 경우) 발성의 정도성이 낮을 경우에는 화자의 발화에 적극적으로 수행하지 않는다. 그러나 화자가 연상이고 발성의 정도성이 높다면 청자는 화자의 발화에 적극적으로 수행을 한다. 이것은 청자의 연령이 적을수록 언어적 경험이나 사회적인 경험이 적으므로, 청자는 화자의 발성이 높다는 사실에 의해서만 수행을 하기 때문이다. 따라서 화자가 청자보다 연상이고 발성의 정도성이 높다면 화자의 발화 초점이 평서적 의미라도 청자는 명령적 의미에 수행의 초점을 둔다. 화자가 발화하는 형태는 기본적으로 자신보다 청자가 연상이면 발성의 정도성을 높이지 않고, 또 청자도 발성의 정도성이 높은 형태의 발화를 잘 받아들이지 않는다. 그러나 화자는 자신보다 청자가 연하이면 발성 정도성이 높을 수 있고, 또 청자도 그러한 발성의 정도성을 받아들이고 적극적인 수행을 한다.

청자의 연령이 적을수록 청자 자신의 이익에 수행의 초점을 두고 있으나, 청자의 연령이 많을수록 청자의 이익과 함께 화자의 이익도 수행에 반영한다. 그리고 청자가 어릴수록 자신의 이익을 수행에 많이 반영한다. 이것은 청자의 연령이 적을수록 언어적 경험이나, 사회적인 경험이 적기 때문에 청자 자신의 이익에만 수행의 초점을 두기 때문이다. 그러나 청자의 연령이 많아질수록 자신의 이익뿐만 아니라, 화자의 이익도 중요한 요소로 보았다. 연령이 적은 청자는 언어적 경험이나, 사회적인 경험이 적기 때문에 청자 자신의 이익만 생각하므로 화자의 입장을 헤아리기 어려우나, 청자의 연령이 많아질수록 언어적 경험이나 사회적인 경험이 많으므로 자신의 입장뿐만 아니라 화자의 입장도 헤아릴 수 있기 때문이다. 즉 화자의 이익이 자신의 이익과 직결됨을 알기 때문이다.

청자의 연령이 많을수록 발화의 상황성을 청자가 수행하는데 반영하고 있으나, 청자의 연령이 적을수록 언어적 경험, 사회적인 경험이 적기 때문에 발화의 상황성을 수행에 많이 반영하지 않고 있다. 청자의 연령이 많을수록 발화의 상황에 따라서 수행을 한다. 발화의 상황이 급하다고 판단을 하면 청자는 상황에 맞추어 적극적인 수행을 한다. 그러나 상황이 급하지 않다면 청자는 소극적인 수행을 한다.

청자의 연령이 많을수록 자신의 감정을 수행하는데 자신이 수행하는데 우선 순위로 반영하지 않으나, 청자의 연령이 낮을수록 자신의 감정을 수행하는데 우선 순위로 반영하고 있다. 이것은 청자의 연령이 낮은 초등학생의 경우 자신의 감정을 의도적으로 숨기고 수행에 반영하지 않았다기보다는, 화자와 사회적 관계에 의해서 자신의 감정을 드러내어놓고 수행에 반영할 수 없었기 때문이다. 청자가 중학생이나 고등학생이면 초등학생에 비해서 자신의 감정을 언어적 의미에 반영하여 수행하는데 우선 순위로 두고 있다. 그리고 청자가 대학생이나, 일반인일 경우 고등학생이나 중학생에 비해서 자신의 감정을 언어적 의미에 반영하여 수행하는데 우선 순위에 두지 않았다. 이것은 청자의 연령이 많을수록 청자 자신의 감정을 억제하여 수행을 하기 때문이다. 그러나 중학생이나 고등학생인 청자가 자신의 감정을 수행에 많이 반영하는 것은, 청자가 자신의 감정을 억제할 수 없기 때문이다.

'화자와의 친분성'은 청자가 발화에 대해서 의미를 이해하여 수행하는데 여러 연령층의 청자가 중요한 여러 연령층의 요소로 보고 있다. 연령이 적은 청자는 연령이 많은 청자보다 화자와의 친분성을 언어적 의미에 반영하는데 우선 순위에 두고 있다. 연령이 낮은 청자는 인간적인 관계가 좁은데 비해서, 연령이 많은 청자는 인간적인 관계가 넓다. 따라서 연령이 높은 청자는 연령이 낮은 청자에 비해서 친분성이 수행에 크게 영향을 받지 못하고 있다.

'발화에 대한 경험'도 청자의 연령에 따라서 언어적 의미에 반영하는 정도성이 달라진다. 청자가 연령이 낮은 초등학생, 중학생, 고등학생의 경우에는 발화에 대한 경험을 자신이 수행하는데 반영하지 않고 있다. 이것은 청자가 연령이 적으므로 언어적 경험이나 사회적인 경험의 부족하여, 발화에 대한 경험을 자신의 수행에 반영하지 않는 것으로 볼 수 있다. 청자가 대학생이나 일반인의 경우에는 언어적 경험이나 사회적인 경험이 초·중·고등학생보다 많으므로 화자의 언어적 의미에 자신의 경험을 반영하여 수행을 한다. 화자의 발화에 대해서 청자의 기억에 즉시 수행을 하지 않았을 때 화자로부터 질책을 받았거나, 청자 자신에게 손해가 있었다면 청자는 그러한 발화에 대해서 적극적인 수행이나 소극적인 수행을 할 수 있다.

'발화의 장소'에 따라서도 화자의 발화 초점과 청자가 수행하는 초점은 다르다. 청자가 초등학생, 중학생, 고등학생의 경우에는 발화의 장소에 따라서 발화 초점과 수행의 초점이 다를 수 있으나, 그 비율의 차이는 많지 않다. 그러나 청자가 대학생이나 일반인의 경우에는 발화의 장소를 수행에 많이 반영하고 있다. 공적인 장소에서의 발화에 대해서 청자가 일반인이나 대학생이면 대체로 발화의 초점대로 이해하여 언어적 수행을 많이 한다. 그러나 사적인 장소에서의 발화에 대해서 청자는 언어적 이해와 언어적 수행보다는, 발화 장소와 화자와의 관계에 의해서 언향적인 의미와 언향적인 수행을 하기도 한다. 같은 발화라도 공적인 장소의 발화에 대해서 청자가 수행하기 어려운 것도, 사적인 장소에서는 수행을 할 수 있다. 공적인 장소에서의 청유적 의미의 발화에 대해서는 청자는 언어적 의미인 청유적 의미로 이해하여 수행을 한다. 그런데 사적인 장소에서의 발화에 대해서 청자는 자신과 화자와 사회적 관계에 의해서 청유적 의미의 발화라도 화자의 부탁을 거절하지 못하고 명령적 의미로 수행을 할 수 있으므로 적극적인 수행을 할 수 있다. 이것은 청자의 언어적 경험보다는 풍부한 사회적인 경험이 화자와 사회적 관계, 화자와의 친분성과도 관련이 있는 것으로 볼 수 있다.

참고문헌

고영근. 1965. "현대 국어의 서법체계에 대한 연구".「국어연구 15」, 국어연구회.

고영근. 1976. "현대국어 문체법에 대한 연구".「어학연구」12-1. 서울대 어학 연구소.

金宗澤. 1982.「國語 話用論」, 대구:螢雪出版社.

김태자. 1987.「발화 분석의 화행 의미론적 연구」, 탑출판사.

김세중. 1985. "한국어 수행문 연구", 서울대 석사학위논문.

김세중. 1987. "국어의 명시적 수행문".「한글」196, 한글학회.

도원영. 1991. "현대국어 평서법에 대한 화행론적 연구", 고려대 석사학위 논문.

박영수. 1981.「비표현 수행력의 연구」, 대구:형설사.

박영수 1984. "간접 언어행위의 표현력",「어문 연구」9.

박영순. 1994.「국어 의미론」, 고려대 출판부.

박종갑. 1987. "국어 의문문의 의미기능 연구", 영남대 박사학위 논문.

서정수. 1990. "국어 발화의 체계".「국어 문법의 연구」1, 한국문화사.

서 혁. 1995. "언어 사용과 추론" 논문집 56, 한국국어교육학회.

成耆徹. 1985.「國語 待遇法 硏究」, 開文社.

성광수. 1982. "화행의미와 적절성 문제",「어문논집」23, 고려대.

성광수. 1999. "이중언어교육과 비언어적 소통".「이중언어학」
　　　16, 이중언어학회.

양태식. 1980. "발화 논의에 대한 몇 가지 문제". 국어통사론,
　　　진명문화사.

유송영. 1996. "청자 대우법 체계", 고려대 박사학위 논문.

이　정. 1978. "서법의 정의와 분류". 말3, 연세대.

이　정. 1979. "서법(Mood)에 관하여".「한글」, 한글학회.

張奭鎭. 1985.「話用論硏究」, 塔出版社.

張奭鎭. 1993.「話用과 文法」, 塔出版社.

張奭鎭. 1987.「오스틴:화행론」, 서울대 출판부.

전은주. 1999.「말하기·듣기 교육론」, 박이정

정길남. 1993.「19세기 성서의 우리말 연구」, 서광학술자료사.

정길남. 1997.「개화기 교과서의 우리말 연구」, 박이정

정주리. 1989. "국어 의문문의 의미에 대한 연구", 고려대 석사
　　　학위논문.

崔昌烈·沈在箕·成光秀. 1986. 「國語 意味論」, 開文社.

최경자. 1985. "국어 명령문의 화행분석", 서울대 석사학위 논문.

하길종. 1997. "현대 한국어 비교 구문의 의미연구", 高麗大 博
　　　士學位論文.

하길종. 1998. "비유문의 의미유형".「한글」242, 한글학회.

하길종. 1999.「현대 한국어 비교 구문 연구」, 박이정.

하길종. 2001ㄱ. "발화에 대한 청자 수행과 언어외적 요인 -초
　　　등학생을 중심으로-".「이중언어학」18. 이중언어학회.

하길종. 2001ㄴ. "발화에 대한 청자 수행과 언어외적 요인 -중
　　　학생을 중심으로-". 「어문논집」43. 민족어문학회.

하길종. 2001ㄷ. "발화에 대한 청자 수행과 언어외적 요인 -고등학생을 중심으로-". 「한국어학」 13. 한국어학회.

하길종. 2001ㄹ. "발화에 대한 청자 수행과 언어외적 요인 -대학생을 중심으로-". 「한글」 252. 한글학회.

하길종. 2001ㅁ. "발화에 대한 청자 수행과 언어외적 요인 -일반인을 중심으로-". 「어문교육」 16. 한국어문교육학회.

하길종. 2001ㅂ. 「언어습득과 발달」, 국학자료원

황정현. 2000. "총체적 언어교육 방법론으로서의 교육 연극의 이해". 「한국초등국어교육」 제15집. 한국초등국어교육학회. 1999.

Austin, J. L. 1962. *How to do Thing with Words,* New York Oxford University Press.

Kate, J. Jerrold. 1977. *Prospositional Stucture and I illoccutionary Force,* NewYork : Crowell Company. Inc.

Hymes, D. 1972. *Models of the interaction of language and social life.* In Gumperz & Hymes.

Leech, G. N. 1983. *principles of Pramatics,* London and New York : Longman Inc.

Levinson, S. C. 1983. *Pragmatic,* Cambridge University Press.

Searle, J. R. 1969. *speech Acts,* Cambridge University Press.

Wittgenstin. 1958. *Philosophical Inverstigations.* Oxford : Blackwell.

언어 수행론 연구

인쇄일 초판 1쇄 2012년 11월 01일
　　　　　　2쇄 2015년 10월 14일
발행일 초판 1쇄 2012년 11월 02일
　　　　　　2쇄 2015년 10월 15일

지은이 하길종
발행인 정찬용
발행처 **국학자료원**
등록일 2006.113.02 제2007-12호
서울시 강동구 성내동 447-11 현영빌딩 2층
Tel : 442-4623~4 Fax : 442-4625
www. kookhak.co.kr
E- mail : kookhak2001@hanmail.net
ISBN 978-89-8206-6385-2 *93700
가 격 12,000원

*저자와의 협의 하에 인지는 생략합니다.